세례 · 입교 교육 교재

손재익

생명의 양식
THE BREAD OF LIFE

일러두기

1. 본 교재의 공식 해설서는 『세례 · 입교 교육 : 해설서』 (생명의양식)입니다. 세례 · 입교 교육 지도자는 반드시 참고하시되, 보다 상세한 내용을 알고 싶으신 분들도 참고하실 수 있습니다.

2. 본 교재가 인용한 장로교회 헌법은 대한예수교장로회 고신 총회, 합동 총회, 한국장로교출판사, 합신 총회의 허락을 받아 수록하였습니다.

믿고 **세례**를 받는 사람은 구원을 얻을 것이요

믿지 않는 사람은 정죄를 받으리라

마가복음 16장 16절

세례 교육을 시작하신 여러분. 기독교 신앙을 갖게 되신 것을 환영합니다! 그동안 믿지 않는 사람으로 살다가 하나님의 은혜로 복음을 듣고 성령으로 말미암아 거듭나서 회심하여 세례를 받기 위한 준비를 하게 되심을 축하드립니다.

입교 교육을 시작하신 여러분. 유아 때 하나님의 언약과 부모의 신앙에 근거하여 유아세례를 받았다가 이제 성장하여 자신의 입으로 신앙을 고백하고 입교하게 됨을 축하드립니다.

세례는 기독교회의 입문입니다.
입교는 교인으로서의 권리와 의무를 완전히 수행할 수 있다는 표시입니다.

이를 위해 세례 및 입교 교육을 받게 되셨습니다. 세례와 입교는 신중하게 시행해야 합니다. 개혁주의 신학을 따르는 장로교회는 역사적으로 상당 기간 준비하게 한 뒤에 분명한 확인을 거쳐서 세례를 베풀었고 입교를 시행했습니다.

이 사실을 명심하시고, 본 교재와 함께 인도자의 지도를 따라 공부해 주시기 바랍니다. 모든 교육을 마치신 뒤, 교회의 질서에 따라 세례 교인 혹은 입교인이 되시기까지 하나님의 은혜가 가득하기를 바랍니다.

2025년 1월
저자 손재익 목사 드림

| 차례 |

세례 · 입교 교육

「 교재 사용 방법 」
이 교재는 다음과 같이 사용하십시오.

▶ 교육 대상자에게

1. 교재에 수록된 내용은 세례 교인 및 입교인으로서 반드시 알아야 할 부분입니다.
2. 지도자의 가르침과 이 교재에 있는 내용을 잘 익히시기 바랍니다.
3. 교육 받을 때, 성경책과 찬송가를 지참하시기 바랍니다.
4. 더 풍성한 배움을 원하시면 해설서를 함께 읽으시기 바랍니다.

▶ 교육 지도자에게

1. 세례 및 입교 대상자를 가르치시는 분은 본 교재와 함께 발행된 해설서를 읽고 전체 내용을 완전하게 숙지하시기 바랍니다. 그래야 세례 교육을 매끄럽게 잘 진행할 수 있습니다.
2. 세례식이 있기 4-6개월 전, 세례 교육을 받기에 적합한 이들을 소집합니다.
3. 교육 대상자에게 교재를 나눠주고, 교육 일정을 소개합니다.
4. 오늘날 세례가 가볍게 시행되는 것을 우려하여 많은 내용을 담았습니다. 한 주에 한 과를 해도 되고, 한 주에 두 과를 해도 됩니다. 교회와 지도자의 형편에 따라 적절히 하시면 됩니다.
5. 교육을 마친 뒤에는 세례 문답 예시를 잘 숙지할 수 있도록 합니다.
6. 교육을 마쳤음에도 세례받기에 적합하지 않은 분은 적절히 권면하여서 다음 기회에 다시 교육을 받도록 하시기 바랍니다. 세례 교육은 회심자를 얻어 내는 교육이 아니라 회심한 사람에게 기독교 신자로서 반드시 알아야 할 내용을 가르쳐서 세례를 받게 하는 교육입니다.

1과

세례 · 입교 교육 교재

세례 및 입교란 무엇이며,
누가 받을 수 있습니까?

1과 세례 및 입교란 무엇이며, 누가 받을 수 있습니까?

기도	
찬송	찬송가 436장 나 이제 주님의 새 생명 얻은 몸
성경읽기	사도행전 8장 5-20절, 누가복음 23장 26-43절

마음열기

1. 예수님을 믿기 전과 후를 비교했을 때,
   나의 삶에서 가장 크게 변화된 것은 무엇입니까?

2. 세례 교육에 임하시는 자세와 기분은 어떠하십니까?

1. 세례란 무엇입니까?

세례에는 다양한 의미가 있습니다. 아래의 8가지는 세례의 다양한 의미를 설명한 것입니다.

1) 세례는 기독교회의 **성례**입니다.

세례는 교회의 머리이신 예수 그리스도께서 친히 제정하신 **성례(聖禮, the sacraments)**, 즉 거룩한(聖) 규례(禮)입니다. 예수님은 교회를 세우는 일에 기초가 되었던 사도들에게 "[19]너희는 가서 모든 민족을 제자로 삼아 아버지와 아들과 성령의 이름으로 **세례를 베풀고** [20]내가 너희에게 분부한 모든 것을 가르쳐 지키게 하라"고 명령하셨습니다(마태복음 28:19-20). 이 명령에 따라 세례는 세상 끝 날까지 교회에서 시행되어야 합니다.

2) 세례는 하나님의 복음을 나타내고 인칩니다.

하나님께서는 예수 그리스도를 통해 우리의 죄를 용서해 주시고 구원해 주십니다. 이러한 사실을 가리켜 '복음'이라고 합니다. 세례는 이 사실을 우리에게 나타내고 인치는 예식입니다.

3) 세례는 우리의 구원을 나타내고 인칩니다.

세례는 삼위일체 하나님을 알지 못하던 죄인이 하나님의 은혜 언약에 따라 거듭나서 그리스도를 향한 믿음과 순종을 고백하고 죄 용서함을 받아 하나님의 자녀가 되었으며 영원한 생명을 보장 받았음을 나타내고 인칩니다. 그리스도와 함께 죽고 함께 살아남을 나타내고 인칩니다(로마서 6:3-5; 갈라디아서 3:27; 골로새서 2:12; 디도서 3:5-7). 그리스도로 말미암아 하나님께 헌신하여 새 생명 가운데 살게 됨을 나타내고 인칩니다.

4) 세례는 우리의 믿음을 강화시켜 줍니다.

세례는 우리의 믿음을 강화하고 증진시켜 주며 더욱 하나님께 순종하도록 만듭니다.

5) 세례는 교인이 된다는 표시입니다.

세례는 자신의 신앙을 고백하는 사람이 그리스도의 몸인 교회 공동체의 일원이 되는 엄숙한 입회식입니다(고린도전서 12:13; 갈라디아서 3:27-28).

6) 세례는 물로 베푸는 예식입니다.

세례는 물로 베푸는 것으로, 붓든지 뿌리든지 잠기게 하든지 하여 베풉니다.

7) 세례는 삼위일체 하나님의 이름으로 받습니다.

세례는 베풀어졌다고 해서 무조건 효력이 발생되는 것이 아니고, 누가 베풀었느냐에 따라 효력이 발생되는 것도 아니고, 집례자가 삼위일체 하나님의 이름으로 베풀면서(마태복음 28:19) 수세자가 믿음으로 참여할 때에 효력이 발생합니다.

8) 세례는 누구든지 일평생 한 번만 받습니다.

세례는 누구든지 일평생 한 번만 받아야 합니다. 그 이유는 한 번 받은 세례는 일평생 효력을 끼치기 때문입니다. 그리스도와 합하여 받는 세례에는 신자의 과거, 현재, 미래가 다 포함되어 있습니다.

웨스트민스터 소요리문답

94문 : 세례가 무엇입니까?
　답 : 세례는 물을 가지고 성부와 성자와 성령의 이름으로 씻는 성례인데(마 28:19), 우리가 그리스도에게 접붙여지는 것과 은혜 언약의 모든 혜택에 참여함과 우리가 주님의 것이 되기로 약속함을 표시하며 인치는 것입니다(롬 6:4; 갈 3:27).

95문 : 세례는 누구에게 베풉니까?
　답 : 세례는 보이는 교회 밖에 있는 자들에게는 베풀지 않으며, 그리스도를 믿는 믿음과 그분께 대한 순종을 고백할 때까

지는 누구에게도 베풀 수 없으나(행 8:36-37; 2:38), 보이는 교회 회원들의 유아들에게는 세례를 베풉니다(행 2:38-39; 창 17:10; 골 2:11-12; 고전 7:14).

2. 입교란 무엇입니까?

입교는 다음과 같은 의미가 있습니다.

1) 입교는 유아세례를 받은 사람이 성장하여 자기 스스로 예수 그리스도를 구주로 고백하고 자신의 신앙을 공적으로 나타내는 일입니다.

2) 입교는 교인으로서의 권리와 의무를 갖게 됨을 나타내는 것입니다.

입교 대상자는 유아세례를 받을 때 이미 교회의 회원이 되었습니다. 하지만, 성찬에 참여할 수 없었고, 공동의회에서 회원으로서의 권리와 의무를 행사할 수 없었습니다.

입교 이후에는 성찬 참여를 비롯하여 공동의회 회원권 등의 권리를 스스로 행사할 수 있고, 자신의 믿음과 생활에 대해 스스로 책임져야 합니다. 입교를 통해 여러분은 이 의무와 권리를 부여받게 됩니다.

3) 입교의 성경적 근거는 디모데전서 6장 12절 "믿음의 선한 싸

움을 싸우라 영생을 취하라 이를 위하여 네가 부르심을 받았고 많은 증인 앞에서 선한 증언을 하였도다"입니다.

이 구절에서 '증언'은 다른 말로 하면 '신앙고백'(confession)입니다. 디모데는 어릴 때부터 외할머니 로이스와 어머니 유니게를 통해 믿음을 배웠습니다(디모데후서 1:5). 어려서부터 어머니로부터 성경을 배웠습니다(디모데후서 3:15). 이후에 성인이 되어 '많은 증인 앞에서', 즉 교회 앞에서 신앙고백(증언)을 한 것입니다. 이것이 입교(공적 신앙고백)의 근거입니다.

3. 세례 혹은 입교를 받기에 적합한지 자기 점검

여러분은 교육을 받은 후 세례 혹은 입교를 받게 됩니다. 본격적인 교육에 앞서 세례 혹은 입교를 받기에 적합한지 아래 항목을 읽고 스스로 점검해 보시기 바랍니다.

① 교회 출석하신 지 최소한 1년 이상 되셨습니까?

② 성경은 최소한 1번 이상 읽어 보셨습니까?

③ 하나님 앞에서 죄인이라는 사실을 믿으십니까?

④ 죄에서 구원받기 위한 유일한 방법인 예수 그리스도를 믿으십니까?

⑤ 예수 그리스도를 믿지 않으면 하나님의 진노와 형벌을 받아야 한다는 사실을 믿으십니까?

⑥ 예수 그리스도께서 십자가에 달려 죽으셨고 다시 살아나셨음을 믿으십니까?

⑦ 예수 그리스도를 당신의 주인으로 모시고 계십니까?

⑧ 구원의 확신이 있으십니까?

⑨ 1년 52주일 중 주일 예배에 몇 주일 정도 참석하십니까?

⑩ 그리스도인으로서 합당한 삶을 살기를 원하십니까?

⑪ 그리스도인으로서 적합하지 않은 직업을 갖고 있지는 않습니까?

⑫ 교회의 다스림에 복종하고 거룩과 화평을 위해 힘쓰기를 원하십니까?

⑬ 사도신경, 주기도문은 어느 정도 암송하십니까?

Q. 위 질문을 작성하신 결과, 자신이 세례 혹은 입교를 받기에 어떠하다고 생각하시나요?

위 질문 중에 조금은 부족하셔도 됩니다. 하지만, 상당 부분 미흡하시다면 조금 기다렸다가 세례 혹은 입교를 받으시기 바랍니다. 세례 혹은 입교를 늦추신다고 해서 구원에서 제외되는 것은 결코 아닙니다.

예상 질문 익히기

- 세례란 무엇입니까?
  죄 씻음을 받는 표로서, 옛 사람은 죽고 하나님의 자녀로 새
  사람이 되었음을 확증하는 것이며, 그리스도의 몸 된 교회의
  지체가 되는 예식입니다.

- 세례는 무엇으로 행합니까?
  물입니다.

- 자신이 세례를 받으시기에 적합하다고 생각하십니까?
  (사실 그대로 답한다.)

- 입교란 무엇입니까?
  입교는 유아세례를 받은 사람이 성장하여 자기 스스로 예수
  그리스도를 구주로 고백하고 자신의 신앙을 공적으로 나타
  내는 일입니다.

- 입교인의 의무와 권리는 무엇입니까?
  입교한 이후에는 성찬 참여를 비롯하여 공동의회 회원권 등
  의 권리를 스스로 행사할 수 있고, 자신의 믿음과 생활에 대해
  스스로 책임져야 합니다.

2과

세례 · 입교 교육 교재

삼위일체 하나님

삼위일체 하나님

기도	
찬송	찬송가 2장 찬양 성부 성자 성령
성경읽기	마태복음 3장 13-17절

마음열기

1. 교회에 출석하기 전에 내가 알던 하나님은 어떤 분이십니까?

2. 지금 현재 내가 믿는 하나님은 어떤 분이십니까?

1. 삼위일체 하나님

기독교회는 삼위일체 하나님을 믿습니다. 기독교회가 믿는 하나님은 본질상 한 분(一體, one)이지만, 성부, 성자, 성령의 삼위(三位, three persons)로 존재하십니다. 이를 한자어로 삼위일체(三位一體, Trinity)라고 합니다. 성경에 삼위일체라는 단어가 나오진 않지만, 성경 전체 속에 그 의미가 잘 담겨 있습니다.

1) 하나님은 본질상 한 분이십니다.

하나님은 본질상 한 분이십니다. (개역한글) 신명기 6장 4절은 "이스라엘아 들으라. 우리 하나님 여호와는 **오직 하나인 여호와시니**"라고 해서 **하나님께서 한 분이심**을 강조합니다.[1] 십계명의 제1

---

1 개역개정은 "이스라엘아 들으라. 우리 하나님 여호와는 오직 **유일한** 여호와이시니"라고 번역했습니다.

계명(출애굽기 20:3)은 "너는 나 외에는 다른 신을 네게 두지 말라"라고 해서, 하나님께서 한 분 하나님이라는 사실을 강조합니다. 이사야 45장 5절도 "나는 여호와라 **나 외에 다른 이가 없나니 나 밖에 신이 없느니라**…"라고 말씀합니다. 장로교회의 신앙을 요약해 놓은 웨스트민스터 소요리문답도 하나님이 한 분뿐이심을 고백합니다.

웨스트민스터 소요리문답

5문 : 하나님 한 분 외에 다른 하나님이 계십니까?
답 : 오직 한 분뿐이시니, 살아계시고 참되신 하나님이십니다
(신 6:4; 렘 10:10).

이처럼 하나님은 한 분이십니다.

2) 삼위 하나님

한 분이신 하나님은 삼위로 존재하십니다. 공부를 시작하실 때 읽으신 성경말씀에 잘 나타납니다. 마태복음 3장 13-17절은 예수님께서 세례를 받으실 때의 장면입니다. 이때 특별한 일이 일어났습니다. 다음은 마태복음 3장 16-17절입니다.

"¹⁶예수께서 세례를 받으시고 곧 물에서 올라오실새 하늘이 열리고 **하나님의 성령**이 비둘기같이 내려 자기 위에 임하심을 보시

더니 [17]**하늘로부터 소리가** 있어 말씀하시되 이는 **내 사랑하는 아들**이요 내 기뻐하는 자라 하시니라"

하늘에서 **성령**께서 비둘기 모양으로 나타나셔서 **예수님** 위에 임하셨습니다. 하늘에서 **성부 하나님**의 음성이 들리기를 "이는 내 사랑하는 아들이요 내 기뻐하는 자라"라고 합니다. 이 장면을 통해 하나님께서 성부, 성자, 성령이라는 세 개의 위격(位格)으로 존재하신다는 사실이 드러납니다.

이 외에도 아래의 성경구절은 하나님이 성부(아버지), 성자(아들), 성령으로 존재하심을 가르쳐 줍니다.

마태복음 28장 19절 "그러므로 너희는 가서 모든 민족을 제자로 삼아 **아버지와 아들**과 성령의 이름으로 세례를 베풀고"

고린도후서 13장 13절 "**주 예수 그리스도**의 은혜와 **하나님**의 사랑과 **성령**의 교통하심이 너희 무리와 함께 있을지어다"

사도행전 2장 32-33절 "[32] 이 **예수**를 **하나님**이 살리신지라 우리가 다 이 일에 증인이로다 [33] **하나님**이 오른손으로 **예수**를 높이시매 그가 약속하신 **성령**을 **아버지**께 받아서 너희가 보고 듣는 이것을 부어 주셨느니라"

장로교회의 신앙을 요약해 놓은 소요리문답도 한 분 하나님께서 삼위로 존재하심을 고백합니다.

6문 : 하나님의 신격(Godhead)에는 몇 위(位, persons)가 계
십니까?
답 : 하나님의 신격에는 성부, 성자, 성령의 삼위가 계시는데, 이
삼위는 한 하나님이시며, 본질이 같으시고, 능력과 영광은
동등하십니다(요일 5:7; 마 28:19).

3) 성부, 성자, 성령의 관계

성부 (聖父, God the Father) = 하나님 아버지
성자 (聖子, God the Son) = 하나님의 아들 예수 그리스도
성령 (聖靈, God the Holy Spirit) = 하나님과 그리스도의 영

성부 하나님은 예수님의 아버지이십니다(요한복음 5:37; 8:42;
16:28; 17:5, 24). 성자 하나님은 하나님의 아들이십니다(요한복음
20:31; 고린도전서 1:9; 갈라디아서 4:4; 골로새서 1:3). 성령 하나
님은 성부와 성자의 영이십니다(요한복음 14:26; 15:26; 사도행전
2:33; 16:7; 로마서 8:9; 고린도전서 3:16; 6:11; 갈라디아서 4:6;
에베소서 4:30). 그래서 각각을 성부(아버지), 성자(아들), 성령이
라고 부릅니다. '성'(聖)이라는 한자는 신성하고 존엄한 존재를 높
여 부르는 표현입니다.

아버지, 아들, 영은 각각 구별되는 인격입니다. 그러면서 성부도

하나님, 성자도 하나님, 성령도 하나님입니다. 성자는 성부의 아들이지만 또한 동시에 하나님이십니다. 예수님은 "나와 아버지는 하나이니라"고 하셨습니다(요한복음 10:30). 성령은 성부와 성자의 영이지만 또한 동시에 하나님이십니다(사도행전 5:3-4). 그럼에도 아버지는 아들이 아니고, 아버지는 영이 아니고, 아들은 영이 아닙니다. 세 위격은 구별되는 존재입니다.

4) 사도신경에 나타난 삼위일체

삼위일체 신앙은 사도신경에 잘 나와 있습니다. 사도신경은 크게 세 부분으로 나뉘는데, 성부 하나님과 그분의 사역, 성자 예수님과 그분의 생애와 사역, 성령 하나님과 그분의 사역입니다. 사도신경의 구조는 삼위일체로 되어 있습니다.

사도신경에도 삼위일체(三位一體, Trinity)라는 말은 없습니다. 본문에는 없지만 구조를 통해 삼위일체 하나님을 고백합니다. 주일 예배 시간에 사도신경을 고백할 때 기독교인들은 삼위일체 하나님을 믿고 있음을 고백합니다.

5) 세례 교인과 삼위일체 신앙

삼위일체는 기독교 교리 가운데 가장 경이롭고 독특한 믿음입니다. 삼위일체 교리는 복음의 근간이자 기독교 진리의 기본입니다. 이 교리를 믿는 사람이 세례를 받을 수 있습니다. 세례 교인은 성경, 사도신경, 웨스트민스터 소요리문답의 가르침에 근거해서

"하나님은 한 분이시다(God is One). 한 분 하나님께서는 성부, 성자, 성령의 삼위(three persons)로 존재하신다. 이를 삼위일체 (三位一體, Trinity) 하나님이라고 말한다"라고 믿고 고백합니다.

그렇기에 세례를 베풀 때 집례자인 목사는 "주 예수 그리스도를 믿는 OOO에게 내가 성부와 성자와 성령의 이름으로 세례를 주노라"라고 말하면서 세례를 베풉니다. 이렇게 삼위일체 하나님의 이름으로 세례를 받은 세례 교인은 매주일 교회당에 나와서 삼위일체 하나님께 예배를 드립니다. 예배를 마치고 세상으로 돌아가면 삼위일체 하나님께 영광을 돌리며 살아갑니다.

참고로, 유대교도 하나님을 믿는다고 말하며, 이슬람교도 '알라'(Allah)라는 표현으로 하나님을 믿는다고 합니다. 하지만, 유대교는 한 분 하나님을 믿지만 삼위 하나님을 믿지 않습니다. 이슬람교는 예수님의 존재를 믿지만 예수님을 하나님으로 믿지 않습니다.

여기서 잠깐

이슬람은 삼위일체 교리를 강하게 거부합니다. 이슬람교의 경전인 꾸란(Al-Quran)은 제4장 171절에서 "성경의 백성들아, 너희들의 믿음에 열광하지 말라. 하나님에 대해 진리 외에는 말하지 말라. 마리아의 아들 예수, 메시아는 하나님(알라)의 예언자(사도)이니 그분께서 마리아에게 그분의 말씀과 그분의 영혼을 보내셨다. 그러니 하나님(알라)과 그분의 예언자들(사도들)을 믿고, 삼위일체(Trinity)는 말하지 말라. 너희가 그친다면 너희에게 유익하리라. 하나님(알라)은 오직 한 분 하나님이시다"라고, 5장 17절에서 "하나님이 마리아의 아들 예수라 말하는 그들에게 저주가 있으리라"라고, 5장 19절에서 "하나님 그분은 마리아의 아들 메시아입니다 라고 말하는 자들은 불신자들이니…"라고, 5장 73절에서는 "하나님이 셋 중의 하나라 말하는 그들은 분명 불신자라 하나님 한 분 외에는 신이 없거늘"이라고 가르칩니다.

한 분이지만 삼위로 존재하신다는 삼위일체. 하나님의 이러한 존재 방식은 그 자체로 신비롭습니다. 사람의 이성과 논리로 이해하기 어렵습니다. 우리는 이성과 논리에 합당하기에 믿는 것이 아니라 성경이 가르치고 있고, 우리 안에 계신 성령님께서 가르치시기 때문에 믿습니다.

여기서 잠깐

우리 주변에는 기독교라는 이름으로 접근하면서 삼위일체를 부인하는 이단이 있습니다. 그들 대부분은 이렇게 말합니다. "성경에 삼위일체라는 말이 없다. 그러니 삼위일체는 성경적이지 않다" 여호와의 증인, 안상홍 증인회(하나님의 교회), 이만희의 신천지 등이 대표적이며, 그 외에 이런 주장을 하는 이들이 많이 있습니다.

이런 말에 현혹되지 말아야 합니다. "하나님은 한 분이시다. 그 한 분 하나님은 아버지, 아들, 성령으로 존재하신다"라는 성경의 가르침을 한자어로 번역한 것이 삼위일체(三位一體)입니다. 그러니 '삼위일체'라는 글자가 성경에 없는 것은 사실이지만, 삼위일체에 대한 가르침이 없는 것은 결코 아닙니다. 삼위일체 개념은 성경 곳곳에 아주 많습니다(마태복음 28:19; 고린도후서 13:13; 갈라디아서 4:4-6; 에베소서 4:4-6). 교회에서 사용하는 용어 중에는 성경에 없는 용어가 많습니다. 설교, 원죄, 성찬 등도 성경이 이 용어를 직접 언급하지 않지만, 삼위일체처럼 그 내용과 개념을 말씀하고 있습니다.

- 하나님은 몇 분이십니까? (소요리문답 5-6문)
  오직 한 분이시며 삼위로 계십니다.

- 삼위 하나님의 각 위격은 무엇입니까? (소요리문답 6문)
  성부, 성자, 성령

- 한 분 하나님이 삼위로 계신다는 것을 네 글자로 무엇이라고
  합니까?
  삼위일체

세례 · 입교 교육 교재

3과
세례 · 입교 교육 교재

성부 하나님과
그 분의 창조

기도	
찬송	찬송가 64장 기뻐하며 경배하세
성경읽기	고린도전서 8장 6절

마음열기

1. 하나님을 보신 적이 있습니까? 본 사람이 있을까요?
   만약 본 적이 없다면 어떻게 믿을까요?

2. 이 세상에 있는 태양, 지구, 산, 바다, 강, 모래, 땅 등은 어떻게 존재
   하게 되었습니까?

1. 성부 하나님

1) 아버지이신 성부 하나님

성부 하나님은 예수 그리스도의 아버지이십니다. 예수님은 하나님을 아버지라고 부르셨습니다(마태복음 6:9; 11:25-26; 요한복음 5:17, 19, 37; 8:42; 16:28; 17:5, 24). 그래서 성부(聖父, God the Father)라고 합니다. 우리도 하나님을 '하나님 아버지'라고 부릅니다(마태복음 5:16, 45; 6:9; 7:11).

우리가 하나님을 아버지라고 부를 수 있게 된 것은 우리의 공로가 아닙니다. 전적으로 성자 하나님과 성령 하나님 덕분입니다. 하나님의 아들이신 예수님께서는 하나님을 "아버지"라고 부르셨고, 우리를 하나님의 자녀가 되게 하심으로(요한복음 1:12; 로마서 8:15; 에베소서 1:5), 하나님을 아버지라 부를 수 있게 하셨습니다(로마서 8:15; 갈라디아서 4:6).

2) 성부 하나님의 존재

하나님은 창조된 적도 없고, 한순간에 생긴 적도 없이 늘 존재하셨습니다. 처음부터 계신 분이십니다. 영원 전부터 계셨습니다. 그렇기에 성경은 하나님의 존재를 증명하기 위해 노력하지 않습니다. 하나님의 존재를 인정하며, 하나님의 하신 일을 보여줄 뿐입니다. 하나님의 존재는 설명이나 증명의 대상이 아니기 때문입니다. 하나님의 존재는 인간의 언어와 이성으로 설명이 불가능합니다. 하나님은 오직 자기 자신에 의해서만 증명될 수 있습니다. 우리는 믿음으로 하나님의 존재를 받아들일 뿐입니다.

3) 하나님의 속성들

하나님은 영이십니다. 지혜로우시고, 능력이 많으시며, 거룩하시고, 공의로우시며, 선하십니다. 무한하시며, 영원하시며, 불변하십니다.

영으로 존재하셔서(요한복음 4:24) 눈에 보이지 않으시는(디모데전서 6:16) 하나님은 하나님께 속한 특성으로만 설명 가능합니다. 그래서 장로교회의 신앙을 요약해 놓은 웨스트민스터 소요리문답은 하나님이 어떤 분이신지를 그분의 속성으로 설명합니다.

웨스트민스터 소요리문답

4문 : 하나님은 어떤 분이십니까?

> 답 : 하나님은 영이신데, 그분의 존재하심과 지혜와 능력과 거룩
> 하심과 공의와 선하심과 진실하심이 무한하시며, 영원하시
> 며, 불변하십니다.

4) 성부 하나님에 대한 우리의 믿음

우리는 성부 하나님의 존재를 믿습니다. 하나님께서 살아계신 참 신이심을 믿습니다. 그분은 스스로 존재하시는 분입니다. 영원 전부터 계신 분입니다. 우리의 몸과 영혼에 필요한 모든 것을 채워 주시는 분이시며, 눈물 골짜기 같은 세상에서 당하는 어떠한 악도 합력하여 선을 이루게 하시는 분이십니다.

2. 창조; 하나님께서 하신 일

1) 이 세상은 하나님의 창조물

하나님을 믿지 않는 사람은 우주와 사람이 우연히 생겨났다고 믿거나, 아메바나 원숭이 등에서 진화했다고 믿습니다. 하지만 성경은 하나님께서 창조하셨다고 가르칩니다. 성경을 펼치면 제일 먼저 나오는 구절인 창세기 1장 1절은 "태초에 하나님이 천지를 창조하시니라"라고 말씀합니다.

하나님은 천지(天地), 즉 하늘과 땅을 창조하셨습니다. 여기에서 말하는 하늘과 땅은 이 세상 만물을 뜻합니다. 또한 눈에 보이

는 것과 보이지 않는 모든 것을 뜻합니다(골로새서 1:16). 하나님은 이 세상의 모든 것들을 창조하셨습니다.

2) 창조의 특징

하나님의 창조는 다음과 같은 특징이 있습니다.

(1) 무로부터의 창조

하나님은 아무것도 없는 데서 이 세상을 창조하셨습니다. 무(無)로부터의 창조(*creatio ex nihilo*)라고 합니다. 하나님은 어떤 소재를 가지고 창조하지 않으셨습니다. 하나님께서 창조하실 때에는 아무것도 없었고 오직 하나님만 계셨습니다. 무(無)라는 개념조차 없었습니다. 삼위 하나님 외에 이 세상에 존재하던 것은 아무것도 없었습니다. 하나님께서 창조를 시작하심으로 삼위 하나님 외에 다른 무엇이 존재하기 시작했습니다.

(2) 말씀을 통한 창조

하나님은 말씀으로 이 세상을 창조하셨습니다. 창세기 1장 3절부터 6, 9, 11, 14, 20, 24, 26, 29절을 보면 "하나님이 이르시되"라고 되어 있습니다. 시편 33편 6절은 "여호와의 말씀으로 하늘이 지음이 되었으며 그 만상을 그의 입 기운으로 이루었도다"라고 말씀합니다. 시편 33편 9절은 "그가 말씀하시매 이루어졌으며 명령하시매 견고히 섰도다"라고 말씀합니다.

(3) 선한 창조

하나님께서 창조하신 것들은 처음에는 선했습니다. 하나님은 악을 창조하신 일이 없습니다. 창세기 1장 4, 10, 12, 18, 21, 25, 31절에 나오는 "보시기에 좋았더라"는 표현에서 '좋다'는 말은 '좋다 싫다'(好不好)의 기호나 취향의 문제가 아니라 '선하다'는 뜻입니다. 디모데전서 4장 4절에서도 "하나님께서 지으신 모든 것이 선하매 감사함으로 받으면 버릴 것이 없나니"라고 말씀합니다.

하나님의 창조는 선한 창조입니다. 하나님은 악을 지으신 일이 없습니다. 하나님이 지으신 모든 것은 원래는 선한 것이었습니다.

웨스트민스터 소요리문답

9문 : 창조의 사역은 무엇입니까?

답 : 창조의 사역은 하나님께서 아무것도 없는 데서 만물을, 그분의 능력의 말씀으로 6일 동안 모두 매우 선하게 만드신 것입니다(창 1장; 히 11:3).

3. 섭리; 창조하신 세상을 다스리시는 하나님

어떤 사람들은 하나님께서 세상을 창조하신 것은 믿지만, 그 하나님께서 이 세상의 역사에는 관여하지 않으신다고 생각합니다. 창조 사실과 창조자의 존재를 믿으면서도 "하나님께서는 이 세상을 창조하신 후에는 이 세상이 그 나름의 법칙에 따라 움직여 나가게끔 하신다"고 생각합니다. 이러한 사람들을 '이신론(理神論, deism)자'라고 합니다.

우리는 그렇게 믿지 않습니다. 하나님은 창조하신 뒤에도 당신이 만드신 피조물을 그대로 버려두지 않으십니다. 하나님께서는 존재만 허락하신 것이 아니라 피조물을 매순간 존재하도록 지탱해 주시고, 행동할 수 있게 하십니다. 만약 하나님이 단 1초라도 그 능력을 나타내지 않으신다면 이 세상의 모든 질서는 무너져 무(無)로 돌아가 버릴 것입니다. 이제까지 단 한 번도 그러한 일이 일어나지 않았다는 것은 하나님께서 당신이 지으신 만물을 여전히 다스리고 계시다는 증거입니다.

하나님의 이런 사역을 가리켜, 섭리(攝理, providence)라고 합니다. 섭리란 하나님께서 자신의 전능한 능력으로, 창조하신 것들에 대해 보존하고 다스리시는 일입니다. 하나님께서 자신이 창조하신 것들에 대해 여전히 그 주권을 행사하시는 일입니다. 하나님께서 하시는 섭리의 사역에 대해서는 웨스트민스터 소요리문답이 다음과 같이 잘 정리해 놓았습니다.

웨스트민스터 소요리문답

11문 : 하나님의 섭리의 사역은 무엇입니까?
  답 : 하나님의 섭리의 사역은 그분의 모든 피조물과 그 모든 활동을 그분의 지극히 거룩함과(시 145:17) 지혜와(시 104:24; 사 28:29) 능력으로 보존하시며(히 1:3) 다스리시는 것입니다(시 103:19; 마 10:29-31).

기독교인은 섭리를 믿습니다. 그렇기에 이 세상에 일어나는 어떤 일도 우연이라고 생각하지 않습니다. 모든 일은 하나님의 섭리에 따라 일어납니다. 미물(微物)인 참새 한 마리도 하나님께서 허락하지 않으시면 땅에 떨어지지 않습니다. 하나님은 창조하실 때의 능력과 동일한 능력으로 이 세상과 역사에 관여하고 계십니다.

"참새 두 마리가 한 앗사리온에 팔리지 않느냐
그러나 너희 아버지께서 허락하지 아니하시면
그 하나도 땅에 떨어지지 아니하리라
너희에게는 머리털까지 다 세신 바 되었나니"
마태복음 10장 29-30절

예상 질문 익히기

- 하나님은 언제부터 계셨습니까?
  영원 전부터 계셨습니다.

- 하나님은 어떤 분이십니까? (소요리문답 4문)
  하나님은 영으로서, 존재와 지혜와 능력과 거룩과 공의와 선하심과 진실하심이 무한하시며 영원하시고 불변하십니다.

- 하나님은 태초에 무엇을 하셨습니까? (소요리문답 9문)
  천지 만물을 창조하셨습니다.

- 하나님은 이 세상을 어떻게 창조하셨습니까?
  (소요리문답 9문)
  아무것도 없는 데서 말씀으로 창조하셨습니다.

- 이 세상을 창조하신 하나님은 그 이후에는 아무 일도 안 하십니까? (소요리문답 11문)
  아닙니다. 당신이 지으신 피조물과 그 모든 활동을 보존하시며 다스리십니다.

4과

세례 · 입교 교육 교재

사람의 처음 상태와
타락 이후 상태

4과

사람의 처음 상태와 타락 이후 상태

기도	
찬송	찬송가 274장 나 행한 것 죄뿐이니
성경읽기	창세기 1장 26-27절, 창세기 3장 1-21절, 로마서 5장 12절

마음열기

1. 성선설(性善說), 성악설(性惡說)에 대해 아는 대로 말해 봅시다.

2. 이 세상에 죽지 않는 사람은 아무도 없습니다.
   왜 그렇게 되었을까요?

1. 사람의 처음 상태 – 무죄 상태

1) 사람; 하나님께서 자기 형상으로 지으신 최고의 작품

하나님께서 처음 지으신 사람은 하나님의 형상과 모양대로 지어진 최고의 작품이었습니다(창세기 1:26-27). 태초에 하나님께서 천지만물을 창조하셨습니다(창세기 1:1). 빛, 어둠, 하늘, 땅, 해와 달, 물고기와 새, 짐승과 사람 등을 창조하셨고, 눈에 보이지 않는 것들도 창조하셨습니다. 창조자이신 하나님은 사람을 제일 마지막에 창조하셨습니다. 하나님께서 창조하신 모든 것들이 다 중요하지만, 그중에서 특히 '사람'은 매우 중요한 존재였습니다. 그래서 사람을 가리켜서 "하나님의 창조의 면류관"이라고 합니다.

하나님께서 사람을 창조하실 때 다음과 같이 말씀하시면서 창조하셨습니다.

창세기 1장 26-27절 "²⁶하나님이 이르시되 우리의 **형상**을 따라 우리의 **모양**대로 우리가 사람을 만들고 그들로 바다의 물고기와 하늘의 새와 가축과 온 땅과 땅에 기는 **모든 것을 다스리게 하자**하시고 ²⁷하나님이 자기 형상 곧 **하나님의 형상대로 사람을 창조하시되** 남자와 여자를 창조하시고"

위 말씀에 나와 있듯이 사람은 하나님의 형상대로 창조되었습니다. 하나님의 형상대로라는 말은 하나님께 우리와 같은 눈, 코, 입이 있다는 말이 아닙니다. 하나님은 영이시니 그럴 수 없습니다. 사람이 하나님의 형상을 따라 창조되었다는 것은 그분의 성품이 사람에게 반영되었다는 의미입니다. 하나님이 원형(原型)이시고 사람은 하나님의 반영(反映)이라는 뜻입니다. 즉 사람은 하나님을 반영하는 존재로 창조되었습니다.

2) 지식, 의, 거룩함을 소유한 존재

'하나님의 형상대로'라는 말은 하나님의 형상을 반영하고 있다는 말입니다. 그렇다면 하나님의 어떤 점들을 반영하고 있었을까요?

'지식과 의와 거룩함'이라는 하나님의 속성이 사람에게 반영되어 있었습니다. 다음에 나오는 성경 구절이 그 사실을 잘 가르쳐 줍니다.

골로새서 3장 10절 "새 사람을 입었으니 이는 자기를 <u>창조하신 이의 형상</u>을 따라 **지식**에까지 새롭게 하심을 입은 자니라"

에베소서 4장 24절 "<u>하나님을 따라</u> **의**와 진리의 **거룩함**으로 지으심을 받은 새 사람을 입으라"

사람은 하나님에게 있는 '지식과 의와 거룩함'을 반영한 존재로 창조되었습니다. 그래서 도덕적으로 책임을 질 수 있었고, 옳고 그름에 대한 내적 감각도 가지고 있었고, 거룩하고 의로운 행동을 할 수 있는 존재로 창조되었습니다. 하나님과 마찬가지로 전인격이 거룩한 사람이었습니다.

이 사실을 장로교회의 신앙을 요약해 둔 웨스트민스터 소요리 문답 10문답도 다음과 같이 설명합니다.

웨스트민스터 소요리문답

10문 : 하나님께서는 사람을 어떻게 창조하셨습니까?
  답 : 하나님께서는 사람을 남자와 여자로 창조하시되, **자기 형상대로 지식과 의와 거룩함**이 있게 하사, 피조물을 다스리게 하셨습니다(창 1:26-28; 골 3:10; 엡 4:24).

---

3) 죄가 전혀 없는 상태, 죽지 않는 존재

하나님의 형상을 따라 지음 받아 하나님의 지식, 의, 거룩함을 반영하고 있던 사람은 죄가 전혀 없었습니다. 무죄(無罪) 상태(the estate of innocency)였습니다(웨스트민스터 신앙고백서 제9장 2절; 웨스트민스터 대요리문답 21, 92문답).

거룩하고 의로우며 죄가 없던 처음 사람은 하나님과 교제할 수 있었고 영원히 죽지 않는 상태였습니다(웨스트민스터 대요리문 답 17문답).

2. 사람의 타락 이후 상태 – 죄와 비참함의 상태

1) 죄로 인해 타락함

하나님의 형상대로 지음 받아 거룩하고 의로우며 죄가 없던 첫 사람은 죄를 지었습니다. 하나님이 주신 자유를 함부로 사용하여 죄에 빠지고 말았습니다. 하나님께서는 사람을 지으신 뒤에 "선악을 알게 하는 나무의 열매는 먹지 말라"(창세기 2:17)고 하셨는데, 사람은 그 명령을 어기고 그 열매를 먹었습니다(창세기 3:6).

그래서 원래의 상태(지위)에서 떨어졌습니다. 원래의 상태가 높은 상태였다면 죄로 인하여 낮은 상태가 되었습니다. 이를 가리켜 타락(墮落, fall)했다고 말합니다. 높은 상태에서 낮은 상태로 떨어진 것입니다.

장로교회의 신앙을 요약해 둔 웨스트민스터 소요리문답 13문답이 다음과 같이 잘 정리하여 설명해 주고 있습니다.

웨스트민스터 소요리문답

13문 : 우리의 첫 조상은 창조함을 받은 원래 상태 그대로 있었습니까?

답 : 우리의 첫 조상은 그들 자신의 의지의 자유를 따라 하나님께 범죄함으로, 창조함을 받은 원래 상태에서 타락했습니다(창 3:6-8, 13; 전 7:29).

---

2) 타락 이후 사람의 상태 – 죄와 비참함의 상태

타락으로 인해 모든 사람은 원래의 상태에서 낮은 상태로 떨어

지게 되었습니다. 원래 상태는 무죄 상태였는데, 낮은 상태는 죄와 비참함의 상태(estate of sin and misery)입니다(웨스트민스터 대요리문답 23문답; 웨스트민스터 소요리문답 17문답). 이에 대해 웨스트민스터 소요리문답 17문답은 다음과 같이 설명합니다.

> **웨스트민스터 소요리문답**
>
> 17문 : 그 타락이 인류를 어떠한 상태에 이르게 했습니까?
> 답 : 그 타락은 인류를 **죄와 비참함의 상태**에 이르게 했습니다 (롬 5:12).

3) 죄와 비참함의 결과

죄와 비참함의 결과, 사람은 하나님의 형상을 잃어버렸습니다. 원래 갖고 있던 하나님의 형상의 요소인 '지식, 의, 거룩함'이 왜곡되었습니다. 도덕적 순결을 상실했고, 경건을 잃어버렸습니다. 또한 영원히 죽지 않는 존재가 아니라 반드시 죽어야만 하는 존재가 되었습니다(창세기 2:17; 히브리서 9:27). 로마서 6장 23절은 "죄의 삯은 사망이요…"라고 말씀합니다.

3. 모든 사람의 현재 상태

1) 모든 인류에게 미친 죄

첫 사람의 범죄는 모든 인류에게 영향을 미쳤습니다. 로마서 5장 12절은 "그러므로 한 사람으로 말미암아 죄가 세상에 들어오고

죄로 말미암아 사망이 들어왔나니 이와 같이 모든 사람이 죄를 지었으므로 사망이 모든 사람에게 이르렀느니라"라고 말씀합니다. 그렇기에 첫 사람만 아니라 모든 인류가 죄와 비참함의 상태에 있습니다. 이에 대해 웨스트민스터 소요리문답 16문답은 다음과 같이 설명합니다.

웨스트민스터 소요리문답

16문 : 아담의 첫 범죄 안에서 모든 인류가 타락했습니까?

답 : 아담과 더불어 언약을 세우신 것은 아담만을 위하여 하신 것이 아니요, 그의 후손까지도 위하여 하신 것이므로, 그로부터 보통 생육법으로 출생하는 모든 인류는 모두 그의 안에서 그의 첫 범죄에 참여하여 그와 함께 타락하였습니다 (창 2:16-17; 롬 5:12; 고전 15:21-22).

---

2) 전적 타락과 전적 부패

타락 이후 모든 인류는 죄의 본성을 갖게 되었고, 그 본성의 뿌리는 사람 전체를 지배하게 되었습니다. 이러한 사람의 상태를 "전적 타락"(total depravity) 혹은 "전적 부패"라고 합니다.

타락의 범위는 인간의 육체와 영혼의 모든 기능과 능력에 해당합니다. 지성, 감정, 소원, 마음, 목표, 동기, 육체 등 인간 존재의 모든 부분이 죄로 오염되었습니다. 그렇기에 타락한 인간은 더 이상 선을 행할 수 없습니다. 죄인인 사람은 그 안에 영적인 선이 없을 뿐 아니라 하나님을 기쁘시게 할 행동, 자신의 힘으로 하나님께 나아갈 수 있는 능력도 없습니다(로마서 8:8; 히브리서 11:6).

그렇다고 타락 이후에는 사람이 전혀 선을 행하지 않는다는 말은 아닙니다. 사람 안에 상대적인 선이 있지만 이 상대적인 선은 하나님의 완전한 의에 이르기에 부족합니다(로마서 3:20; 갈라디아서 2:16).

3) 죄의 정의와 종류

죄와 비참함의 상태에 있는 모든 사람은 끊임없이 죄를 범합니다. 죄란 하나님의 본성과 말씀을 어기거나 그에서 부족하거나 벗어난 모든 것입니다. 하나님의 뜻을 거스르고 거부하고 사는 불순종입니다. 하나님께서 하라고 하신 것을 하지 않고, 하지 말라고 하신 것을 하는 것입니다. 하나님을 하나님으로 인정하지 않고, 그분이 창조주이며 우리가 그분이 지으신 존재라는 사실을 인정하지 않는 것입니다.

죄는 크게 두 가지로 나눌 수 있습니다. 원죄(原罪, original sin)와 자범죄(自犯罪, actual sin)입니다. 원죄는 첫 사람 아담의 죄와 죄책이 모든 인류에게 미친 것이며(로마서 5:12), 자범죄는 그 원죄로 인해 나오는 모든 죄악이니 내가 실제로 범하는 죄입니다.

14문 : 죄가 무엇입니까?
  답 : 죄는 하나님의 율법을 순종함에 부족한 것이나 어기는 것입니다(요일 3:4).

18문 : 사람이 타락한 상태에서 죄는 무엇으로 이루어져 있습니까?
  답 : 사람이 타락한 상태에서 죄는 아담의 첫 범죄의 죄책과 근 본적인 의가 없는 것과 본성 전체가 부패한 것인데 이것은 보통 원죄(原罪)라고 하며, 아울러 원죄로 인해 나오는 모든 자범죄(自犯罪)로 이루어져 있습니다(롬 5:12, 19; 5:10-20; 엡 2:1-3; 약 1:14-15; 마 15:19).

4) 죄의 결과

죄로 말미암아 하나님과 사람 사이에 큰 간격이 생겼습니다. 하나님과 사람 사이의 관계가 끊어졌습니다. 죄인 된 인간은 '하나님 앞에' 설 수 없게 되었습니다. 그분의 진노를 받아 마땅하게 되었고 죽음과 지옥의 형벌을 받게 되었습니다. 이 세상과 장차 오는 세상에서 영원한 형벌을 받게 되었습니다. 이 사실을 웨스트민스터 소요리문답 19문답은 다음과 같이 설명합니다.

19문 : 사람이 타락한 상태에서 비참한 것은 무엇입니까?
  답 : 모든 인류가 타락으로 말미암아 하나님과의 교제를 상실하

였고(창 3:8, 10, 24), 그분의 진노와 저주 아래 있게 되어
(엡 2:2-3; 갈 3:10), 이 세상의 모든 비참함과 죽음과 영
원한 지옥의 형벌을 받게 되었습니다(애 3:39; 롬 6:23;
마 25:41, 46).

죄와 비참함의 상태에 있는 모든 인류는 소망이 없습니다. 하나
님의 크신 자비에 의하여 구원을 얻는 길 외에 소망이 없습니다.
그렇다면 그 소망이 무엇일까요? 다음 과에서 더 자세하게 다룰
것입니다.

- 하나님은 사람을 어떻게 창조하셨습니까?
  (소요리문답 10문)
  하나님의 형상을 따라 지식, 의, 거룩함으로 창조하셨습니다.

- 하나님께서 처음 사람을 창조하셨을 때는
  어떤 상태였습니까? (대요리문답 17문)
  무죄 상태였으니, 하나님과 교제할 수 있었고, 영원히 죽지
  않을 수 있었습니다. 그러나 타락할 수 있는 존재였습니다.

- 아담의 첫 범죄는 무엇입니까? (소요리문답 15문)
  먹지 말라고 하신 선악을 알게 하는 나무의 열매를 먹은 것
  입니다.

- 첫 사람 아담의 타락으로 사람은 어떤 상태가 되었습니까?
  (소요리문답 17문)
  죄와 비참함의 상태에 이르렀습니다.

- 아담의 죄가 우리에게 전가된 것을 무슨 죄라고 합니까?
  (소요리문답 18문)
  원죄

예상 질문 익히기

- 원죄를 가진 우리가 스스로 짓는 죄를 무엇이라고 합니까?
  (소요리문답 18문)
  자범죄

- 죄란 무엇입니까? (소요리문답 14문)
  하나님의 본성과 말씀을 어기거나 그에서 부족하거나 벗어
  난 모든 것입니다.

- 원죄와 자범죄를 가진 우리 인간의 비참함은 무엇입니까?
  (소요리문답 19문)
  하나님의 영원한 진노 아래 있고, 죽음의 형벌을 받아야만
  마땅한 상태가 되었습니다.

- 당신이 죄인이라는 사실을 믿으십니까?
  (사실 그대로 답한다.)

- 이 세상에 죄인이 아닌 사람이 있습니까?
  없습니다. 모든 사람은 죄인입니다.

세례 · 입교 교육 교재

5과

세례 · 입교 교육 교재

예수 그리스도는
누구십니까?

기도	
찬송	찬송가 96장 예수님은 누구신가
성경읽기	요한복음 3장 16절; 마태복음 16장 13-20절

마음열기

1. 타락으로 인해 죄와 비참함의 상태, 전적 부패의 상태에 있는 죄인은 왜 소망이 없습니까?

2. 영원한 생명을 얻기 위해 하나님께서 우리에게 보내 주신 분은 누구십니까?

세례 혹은 입교를 받기 위해서는 내가 믿는 기독교의 핵심 대상이신 예수님을 알아야 합니다. 예수님이 누구신지 모르는 사람은 기독교인이라고 할 수 없습니다. 기독교(基督敎)의 기독(基督)은 기리사독(基利斯督)의 첫 글자와 마지막 글자를 딴 것인데, 헬라어 크리스토스(Χριστός)를 중국어로 번역할 때 발음에 따라 음역(音譯)한 것입니다. 기리사독은 현대 북경어 발음으로는 '지리쓰두'이지만, 옛 발음은 '기리스도'였습니다. 그러니 기독교란 그리스도교(크리스트교)라는 말입니다.

기독교(基督敎)를 예수교라고도 합니다. 예수 그리스도이시기 때문입니다. 둘 다 같은 말입니다. 참고로, 해방 이전에는 기독교(基督敎)를 야소교(耶蘇敎)라고도 했습니다. 야소(耶蘇)는 '예수'라는 말을 음역한 것입니다.

1. 우리의 구원을 위해 하나님께서 보내신 독생하신 아들
타락으로 인해 죄와 비참함의 상태, 전적 부패의 상태에 있는 죄인은 하나님의 크신 자비에 의해 구원을 얻는 길 외에 소망이 없습니다. 이러한 죄인을 위해 하나님께서는 구원의 길을 예비해 주셨습니다. 하나님의 형상을 회복하고, 잃어버린 의로움과 거룩함을 회복하며, 죽음에서 생명으로 옮겨질 수 있는 방법을 준비해 주셨습니다. 바로 구원자 예수 그리스도입니다. 하나님은 당신의 독생하신 아들 예수 그리스도를 이 땅에 보내 주셨습니다.

> "하나님이 세상을 이처럼 사랑하사 독생자를 주셨으니
> 이는 그를 믿는 자마다 멸망하지 않고 영생을 얻게 하려 하심이라"
> 요한복음 3장 16절

웨스트민스터 소요리문답

20문 : 하나님께서 모든 인류를 죄와 비참한 상태에서 멸망하도록 버려두셨습니까?

답 : 하나님께서는 자기의 선하신 뜻대로, 어떤 자들을 영생하도록 영원부터 선택하셨고(엡 1:4), 은혜 언약을 세우사 구속자로 말미암아 그들을 죄와 비참한 상태에서 건져내어 구원의 상태에 이르도록 하셨습니다(롬 3:20-22; 갈 3:21-22).

21문 : 하나님께서 선택하신 자들의 구속자는 누구십니까?

답 : 하나님께서 선택하신 자들의 유일한 구속자는 주 예수 그리스도이시니(딤전 2:5-6), 그분은 하나님의 영원

하신 아들로서 사람이 되셨으며(요 1:14; 갈 4:4) 그 후로 계속 하나의 위격에 구별되는 두 본성이 있어 하나님이시요 사람이시니, 영원토록 그러하십니다(롬 9:5; 눅 1:35; 골 2:9; 히 7:24-25).

2. 예수님은 누구십니까?

1) 예수님은 <u>하나님의 아들</u>이십니다.

마태복음 16장 13절 이하에 보면 예수님께서 제자들에게 "너희는 나를 누구라 하느냐?"라고 물으셨습니다. 이 질문에 베드로가 "주는 그리스도시요 살아계신 **하나님의 아들**이시니이다"라고 대답했습니다(마태복음 16:16). 마가복음은 그 시작을 "**하나님의 아들 예수 그리스도의 복음의 시작이라**"라는 말씀으로 열고 있습니다(마가복음 1:1). 요한복음 20장 31절은 "오직 이것을 기록함은 너희로 **예수께서 하나님의 아들 그리스도**이심을 믿게 하려 함이요 또 너희로 믿고 그 이름을 힘입어 생명을 얻게 하려 함이니라"라고 말씀합니다. 이처럼 예수님은 하나님의 아들이십니다.

2) 예수님은 <u>그리스도</u>이십니다.

위에 나오는 마태복음 16장 16절, 마가복음 1장 1절, 요한복음 20장 31절에서 말하는 것처럼 예수님은 그리스도이십니다. '그리스도'는 예수님의 직분을 나타내는 표현입니다. 그리스도는 헬라어 크리스토스(χριστὸς)를 우리말에 맞게 번역한 말인데, 헬라어 크리스토스는 히브리어 '메시야'(Messiah)의 번역어입니다.[2]

히브리어 '메시야'는 '기름을 붓다'는 뜻을 가진 '마샤흐'의 명사형으로, "기름 부음을 받은 자"(the anointed one)라는 뜻입니다. 구약시대에 기름 붓는 행위는 선지자, 제사장, 왕의 직분을 성별하는 표였습니다. 직분을 나타내는 행위가 기름을 붓는 것이었습니다. 그러므로 "그리스도"는 성자 하나님이신 예수님께서 선지자, 제사장, 왕의 직분을 가지신 분임을 의미합니다.

웨스트민스터 대요리문답

42문 : 우리의 중보자는 왜 그리스도라고 불리셨습니까?
답 : 우리의 중보자가 그리스도라고 불리셨던 것은 **그분이 성령으로 한량없이 기름 부음을 받으셨기 때문이며**(요 3:34; 시 45:7), 그리하여 구별되셨고, 모든 권위와 능력을 충만히 부여받으셔서(요 6:27; 마 28:18-20), 그분의 낮아지심과 높이 되심의 두 상태 모두에서 그분의 교회의(빌 2:6-11) **선지자**(행 3:21-22; 눅 4:18, 21), **제사장**(히 5:5-7; 4:14-15), **왕**(시 2:6; 마 21:5; 사 9:6-7)**의 직분**을 수행하시기 때문입니다.

예수 그리스도는 선지자로서(요한복음 6:14; 4:25) 백성들에게

---

2 이 사실은 요한복음 1:41 "그가 먼저 자기의 형제 시몬을 찾아 말하되 우리가 메시야를 만났다 하고 **(메시야는 번역하면 그리스도라)**"와 요한복음 4:25 "여자가 이르되 **메시야 곧 그리스도라** 하는 이가 오실 줄을 내가 아노니 그가 오시면 모든 것을 우리에게 알려 주시리이다"에 잘 나타납니다.

찾아오셔서 죄를 책망하시고 형벌을 경고하시고 회개를 촉구하시며 장차 일어날 일을 선포하십니다(사도행전 3:22-26). 하나님의 뜻을 온전히 다 계시해 주십니다(히브리서 1:1-2).

예수 그리스도는 제사장으로서(히브리서 2:17; 7:24) 자기 백성의 죄를 위하여 자신의 몸과 생명을 성부 하나님 앞에 드리셨습니다. 이를 통해 자기 백성의 죄를 구속하셨으니, 하나님의 공의를 만족시키셨고 우리를 하나님과 화목케 하셨습니다. 이 땅에서 제사를 지내신 예수님은 하늘로 오르신 뒤에도 우리를 위해 성부 하나님께 계속해서 간구하고 기도하시므로 제사장의 역할을 감당하고 계십니다(로마서 8:34; 히브리서 7:25).

예수 그리스도는 왕으로서(마태복음 1장; 21:1-9) 교회를 다스리십니다. 말씀과 성령으로 교회를 다스리시고, 원수들에 대항하여 우리를 보존하시며 보호하십니다.

웨스트민스터 소요리문답

24문 : 그리스도께서는 선지자 직분을 어떻게 수행하십니까?
　답 : 그리스도께서는 우리의 구원에 대한 하나님의 뜻을 그분의 말씀과 성령으로 우리에게 계시하심으로 선지자 직분을 수행하십니다(요 1:18; 벧전 1:10-12; 요 15:15; 20:31).

25문 : 그리스도께서는 제사장 직분을 어떻게 수행하십니까?
　답 : 그리스도께서는 자기를 희생제물로 단번에 드려 하나님

의 공의를 만족시키시고(히 9:14, 28), 우리를 하나님과 화목하게 하시고(히 2:17), 또한 우리를 위하여 계속해서 중보기도하심으로(히 7:24-25) 제사장 직분을 수행하십니다.

26문 : 그리스도께서는 왕의 직분을 어떻게 수행하십니까?

답 : 그리스도께서는 우리를 자기에게 복종케 하시고(행 15:14-16), 우리를 다스리시며(사 33:22) 보호하시고(사 32:1-2), 자기와 우리의 모든 원수들을 막아 정복하심으로 왕의 직분을 수행하십니다(고전 15:25; 시 110편).

3) 예수님은 성령으로 말미암아 잉태되셨고 동정녀 마리아에게서 나셨습니다.

예수님은 죄악에 빠진 우리를 구원하시기 위해 사람의 몸을 입고 이 세상에 오셨습니다. 이때 성령으로 말미암아 잉태되셨고 동정녀 마리아의 몸에서 태어나셨습니다. 그렇기에 일반적인 사람과 동일하게 몸과 영혼을 갖고 계십니다(히브리서 2:17). 태어나서부터 죽으실 때까지 사람이 경험하는 모든 일을 동일하게 경험하셨습니다. 사람과 동일한 육체를 가지셨기에(누가복음 2:7, 40, 52; 24:39), 목이 마르기도 하셨고(요한복음 4:6; 19:28), 주리기도 하셨고(마태복음 4:2), 식사도 하셨고(마태복음 9:10-11; 26:7; 마가복음 2:16; 14:3; 누가복음 11:38) 피곤하기도 하셨고, 불쌍히 여기시고 긍휼히 여기셨으며 울기도 하셨습니다(요한복음 11:35;

12:27; 13:21).

단, 예수님은 죄는 없으십니다(히브리서 4:15; 요한일서 3:5). 이 사실을 소요리문답 22문답은 다음과 같이 설명합니다.

웨스트민스터 소요리문답

22문 : 그리스도께서는 하나님의 아들로서 어떻게 사람이 되셨 습니까?

답 : 하나님의 아들이신 그리스도께서 사람이 되신 것은 참 몸(히 2:14, 16; 10:5)과 지각 있는 영혼을 취하사(마 26:38), 성령의 능력으로 동정녀 마리아의 태에서 잉태 되어 출생하심으로 된 것이니(눅 1:27, 31, 35, 42; 갈 4:4) 죄는 없으십니다(히 4:15; 7:26).

---

4) 예수님은 **참 하나님**이시며 **참 사람**이십니다.

예수님은 성령으로 잉태되신 것과 동정녀를 통해 출생하심으로 서 두 본성을 가지셨습니다. 참 하나님(*vere deus*)과 참 사람(*vere homo*)이십니다.

예수님은 원래 신성(神性)만 갖고 계셨습니다. 그런데 성령을 통한 잉태와 동정녀의 몸에서 태어나심을 통해 인성(人性)을 취 하셨습니다. 그 이후로 지금까지 하나의 위격(person)에 2개의 구 별되는 본성인 신성(divine nature)과 인성(human nature)을 갖 고 계십니다. 이 사실을 웨스트민스터 소요리문답 21문답은 다음 과 같이 설명합니다.

21문 : 하나님께서 선택하신 자들의 구속자는 누구이십니까?

답 : 하나님께서 선택하신 자들의 유일한 구속자는 주 예수 그리스도이시니(딤전 2:5-6), 그분은 하나님의 영원하신 아들로서 사람이 되셨으며(요 1:14; 갈 4:4) 그 후로 계속 하나의 위격(one person)에 구별되는 두 본성(two distinct natures)이 있어 **하나님**이시요 **사람**이시니, 영원토록 그러하십니다(롬 9:5; 눅 1:35; 골 2:9; 히 7:24-25).

5) 예수님은 하나님과 사람 사이의 <u>유일한 중보자</u>이십니다.

중보(中保)라는 말은 두 사람 사이에서 일을 주선하는 사람이라는 뜻인데, 예수님은 하나님과 사람 사이를 연결해 주시는 분입니다. 예수님께서 하나님이시기만 하다면 사람의 중보자가 될 수 없습니다. 예수님께서 사람이시기만 하다면 사람을 하나님과 연결시킬 수 없습니다.

예수님은 하나님이시면서 또한 동시에 사람이셔서 하나님과 사람 사이를 연결시켜 주십니다. 하나님과 사람 사이의 중보자가 될 수 있는 유일한 분이십니다. 이 사실을 성경은 다음과 같이 말씀합니다.

디모데전서 2장 5절 "하나님은 한 분이시요 또 하나님과 사람 사이에 중보자도 한 분이시니 곧 사람이신 그리스도 예수라"

3. 예수님은 무슨 일을 하셨습니까?

1) 33년간 이 세상에서 사시는 동안 복음을 전하셨습니다.

사람으로 오신 예수님은 이 세상에 33년 동안 사시면서 복음을 전하셨습니다. 또한 자신이 하나님의 아들이심을 드러내시기 위해 수많은 이적을 행하셨습니다. 33년 중 30년의 기간을 사생애(私生涯)라고 합니다. 3년의 기간을 공생애(公生涯)라고 합니다.

2) 우리의 죄를 위해 고난 받으셨고 십자가에 못 박혀 죽으셨습니다.

예수님께서 하신 일들이 많지만, 가장 대표적인 것은 우리의 죄를 위해 고난 받으셨고 십자가에 못 박혀 죽으신 일입니다. 예수님은 아무 죄가 없으십니다. 그러나 우리를 대신해 고난과 죽임을 당하셨습니다.

예수님께서 행하신 이 일들은 우리를 위한 일입니다. 히브리서 2장 18절은 "그가 시험을 받아 고난을 당하셨은즉 시험 받는 자들을 능히 도우실 수 있느니라"라고 말씀하며, 히브리서 4장 15절은 "우리에게 있는 대제사장은 우리의 연약함을 동정하지 못하실 이가 아니요 모든 일에 우리와 똑같이 시험을 받으신 이로되 죄는 없으시니라"라고 말씀하며, 마태복음 20장 28절은 "인자가 온 것은 섬김을 받으려 함이 아니라 도리어 섬기려 하고 자기 목숨을 많은 사람의 대속물로 주려 함이니라"라고 말씀합니다.

무엇보다도 예수님은 우리를 대신하여 죽으셨습니다. 로마서 5장

8절은 "우리가 아직 죄인 되었을 때에 그리스도께서 우리를 위하여 죽으심으로 하나님께서 우리에 대한 자기의 사랑을 확증하셨느니라"라고 말씀합니다.

웨스트민스터 소요리문답

27문 : 그리스도의 낮아지심은 무엇으로 이루어져 있었습니까?
답 : 그리스도의 낮아지심은 비천한 형편에 나셨고, 율법 아래 나셨고, 이 세상의 비참함과 하나님의 진노와 십자가의 저주의 죽음을 받으셨고, 장사되셨고, 얼마 동안 죽음의 권세 아래 계셨던 것으로 이루어져 있었습니다.

3) 십자가에 못 박혀 죽으신 지 삼 일째 되는 날에 다시 살아나셨습니다.

십자가에 못 박히셨고, 죽으셨고, 장사되셨던 예수님께서 더 이상 죽음에 머물러 계시지 않으시고 다시 살아나셨습니다. 다시 살아나셨다고 해서 부활(復活)이라고 합니다.

4) 다시 살아나신 뒤에 하늘로 올라가셨습니다.

죽으셨다가 다시 살아나신 예수님은 하늘로 올라가셨습니다. 이를 승천(昇天)이라고 합니다. 하늘로 오르신 뒤에는 하나님 아버지의 오른쪽에 앉으셨습니다. 좌정(坐定) 또는 재위(在位)라고 합니다.

5) 다시 오셔서 세상을 심판하실 것입니다.

지금 현재 하나님의 오른쪽에 앉아 계신 예수님은 장차 이 세상에 다시 오실 것입니다. 이를 재림(再臨)이라고 합니다. 다시 오셔서 이 세상을 심판하실 것입니다. 이 일이 언제 있을지는 아무도 모릅니다.

웨스트민스터 소요리문답

28문 : 그리스도의 높이 되심은 무엇으로 이루어져 있습니까?
  답 : 그리스도의 높이 되심은 삼일 째에 죽은 사람들 가운데서 다시 살아나신 것과 하늘로 오르신 것과 하나님 아버지의 오른쪽에 앉으신 것과 마지막 날에 세상을 심판하러 오시는 것으로 이루어져 있습니다.

예수님의 생애와 사역은 이루 말할 수 없을 정도로 많습니다. 그래서 요한복음 21장 25절은 "예수께서 행하신 일이 이 외에도 많으니 만일 낱낱이 기록된다면 이 세상이라도 이 기록된 책을 두기에 부족할 줄 아노라"라고 말씀합니다.

- 예수님은 하나님과 어떤 관계이십니까?
  아버지와 아들(아드님)

- 예수님은 이 세상에 어떻게 태어나셨습니까?
  (소요리문답 22문)
  성령님으로 잉태되셔서 동정녀 마리아에게서 나셨습니다.

- 예수님의 두 본성은 무엇입니까?(소요리문답 21문)
  신성(참 하나님)과 인성(참 사람)

- 하나님과 사람 사이의 유일한 중보자는 누구십니까?
  (소요리문답 21문)
  예수 그리스도

- 예수님의 세 직분은 무엇입니까?(소요리문답 23문)
  선지자, 제사장, 왕

- 예수님께서 이 세상에 오셔서 하신 일 중
  아는 것을 말해 보십시오.
  복음을 전하셨고, 병든 자를 고치셨고, 이적을 행하셨습니다.

- 예수님은 어디에 달려 죽으셨습니까(돌아가셨습니까)?
  십자가

• 예수님은 왜 죽으셨습니까(돌아가셨습니까)?
  나의 죄를 용서하시고 구원하시기 위해서

• 죽으셨던 예수님은 삼 일째에 어떻게 되셨습니까?
  다시 살아나셨습니다. (부활하셨습니다.)

• 예수님의 부활이 실제로 일어난 역사적 사실임을
  믿으십니까?
  네

• 부활하신 예수님은 지금 어디에 계십니까?
  하늘로 올라가셔서 전능하신 하나님 아버지의 오른쪽에
  앉아계십니다.

• 예수님께서 언제 다시 오실지 우리가 알 수 있습니까?
  아무도 모릅니다. 오직 하나님만이 아십니다.

세례 · 입교 교육 교재

6과

세례 · 입교 교육 교재

예수 그리스도를 믿는다는 것은 무슨 뜻입니까?

예수 그리스도를 믿는다는 것은 무엇입니까?

기도	
찬송	찬송가 542장 구주 예수 의지함이
성경읽기	요한복음 1장 12절, 갈라디아서 2장 16절

마음열기

1. 예수님께서 실제로 이 세상에 오셨고, 실제로 죽으셨고, 다시 살아나셨다는 사실을 믿으십니까?

2. 예수님을 믿는다는 말은 무슨 의미일까요?

1. 예수님을 믿어야만 합니다.

예수님께서 이 세상에서 하신 일 즉, 동정녀 탄생, 고난, 십자가, 죽으심, 부활, 하늘로 오르심 등이 나를 위한 일이 되려면, 예수님을 믿어야 합니다. 그분을 믿고, 그분이 하신 일을 믿고, 그분이 나의 주인이라는 사실을 믿고, 그분이 나의 구원자라는 사실을 믿어야 합니다.

2. 믿음이란 그분을 받아들이고 의지하며 신뢰하고 그분을 따라 사는 것입니다.

믿음은 다음과 같은 내용을 말합니다.

첫째, 지식입니다. 여기에서 말하는 지식은 어려운 학문적인 내용을 말하는 것이 아니라 예수님이 누구신지를 알아야 한다는 뜻입니다. 내가 무엇을 믿는지 알아야 합니다. 믿음은 앎을 포함합니다. 무엇을 믿는지 모르고 믿는 것은 믿음이 아니라 맹신(盲信),

즉 맹목적(盲目的) 믿음(implicit faith)입니다. 다음과 같은 사실을 알아야 합니다. ① 모든 사람은 죄인이다. ② 나 또한 죄인이다. ③ 죄로 인하여 하나님의 진노를 받을 수밖에 없다. ④ 죄는 나의 힘으로는 절대로 해결할 수 없다. ⑤ 십자가에서 죽으시고 부활하신 예수님이야말로 나의 죄를 해결해 주실 수 있는 유일한 구원자다. ⑥ 예수님께서는 나의 죄를 해결해 주시기 위해서 이 세상에 오셨고, 고난 받으셨고, 죽으셨고, 다시 살아나셨고, 하늘로 올라가셨다. ⑦ 이러한 예수님을 믿으면 나의 모든 죄가 해결된다.

둘째, 신뢰입니다. 내가 아는 것을 신뢰해야 합니다. 아는 것은 머리만 있으면 누구든지 할 수 있습니다. 귀와 눈을 통해서 듣고 읽어서 알 수 있습니다. 야고보서 2장 19절은 이렇게 말씀합니다. "네가 하나님은 한 분이신 줄을 믿느냐 잘 하는 도다 귀신들도 믿고 떠느니라." 하나님이 한 분이라는 지식(앎)은 귀신도 갖고 있는 것입니다. 그런데 귀신은 그 앎을 신뢰하지 않습니다. 그러므로 아는 것을 넘어서 그분을 의지하고 신뢰해야 합니다.

예수님을 알고 신뢰한다는 것을 다른 말로 "영접(迎接)한다"라고 말합니다(요한복음 1:12). 영접(迎接)이란 받아들인다는 뜻입니다. 예수님을 하나님의 아들로, 나를 위한 구원자로, 나의 주인으로 인정하고 받아들이는 것이 영접하는 것이며 예수님을 믿는 것입니다.

셋째, 믿음이란 예수 그리스도를 따르는 자가 되는 것입니다. 모든 죄를 버리고 그분의 가르침과 모범을 따라 사는 것입니다.

요약하면, 믿음이란 예수 그리스도를 나의 구원자와 주인으로 알고, 받아들이고, 나의 삶과 죽음, 나의 모든 것을 맡기고, 그분을 따라 사는 것입니다.

웨스트민스터 소요리문답

86문 : 예수 그리스도를 믿는 믿음이란 무엇입니까?
 답 : 예수 그리스도를 믿는 믿음이란 구원하는 은혜인데(히 10:39), 이로써 우리가 구원받기 위하여 복음에서 제시된 대로의 예수 그리스도를 영접하고 그분만을 의지하는 것입니다(요 1:12; 사 26:3-4; 빌 3:9; 갈 2:16).

---

3. 예수님을 믿으면 하나님의 자녀가 되고, 죄 용서함을 받고, 영원한 생명을 보장받습니다.

1) 예수님을 믿으면 하나님의 자녀가 됩니다.

요한복음 1장 12절은 "영접하는 자 곧 그 이름을 믿는 자들에게는 하나님의 자녀가 되는 권세를 주셨으니"라고 말씀합니다.

2) 예수님을 믿으면 죄 용서함을 받고, 의롭다 함을 얻습니다.

요한일서 1장 7절은 "…그 아들 예수의 피가 우리를 모든 죄에서 깨끗하게 하실 것이요"라고 말씀하며, 에베소서 1장 7절은 "우리는 그리스도 안에서 그의 은혜의 풍성함을 따라 그의 피로 말미암아 속량 곧 죄 사함을 받았느니라"라고 말씀합니다. 이 말씀대로 예수님을 믿으면 죄 용서함을 받습니다.

갈라디아서 2장 16절은 "사람이 의롭게 되는 것은 율법의 행위로 말미암음이 아니요 오직 예수 그리스도를 믿음으로 말미암는 줄 알므로 우리도 그리스도 예수를 믿나니 이는 우리가 율법의 행위로써가 아니고 그리스도를 믿음으로써 의롭다 함을 얻으려 함이라 율법의 행위로써는 의롭다 함을 얻을 육체가 없느니라"라고 말씀하며, 로마서 3장 28절은 "그러므로 사람이 의롭다 하심을 얻는 것은 율법의 행위에 있지 않고 믿음으로 되는 줄 우리가 인정하노라"라고 말씀합니다. 이 말씀대로 예수님을 믿으면 의롭다 함을 얻습니다.

웨스트민스터 소요리문답

33문 : 칭의(稱義)-의롭다 하심-란 무엇입니까?
  답 : 칭의란 하나님께서 값없이 주시는 은혜의 행위로서, 그분이 우리의 모든 죄를 용서하시고(롬 3:24-25; 4:6-8), 그분이 보시기에 의로운 자로 우리를 받아 주시는 것입니다(고후 5:19, 21). 이것은 오직 그리스도의 의를 우리에게 돌려주시는 일이며(롬 5:17-19), 우리는 오직 믿음으로 그 의를 받게 되는 것입니다(갈 2:16; 빌 3:9).

---

3) 예수님을 믿으면 영원한 생명을 보장받습니다.

요한복음 11장 25-26절은 "²⁵예수께서 이르시되 나는 부활이요 생명이니 나를 믿는 자는 죽어도 살겠고 ²⁶무릇 살아서 나를 믿는 자는 영원히 죽지 아니하리니 이것을 네가 믿느냐?"라고 말씀했습니다. 이 말씀대로 예수님을 믿으면 영원한 생명을 보장받습니다.

죄와 비참함의 상태에 있는 사람은 죄의 대가를 치러야 합니다. 완전하고 거룩하시며 공의로우신 하나님 앞에서 죄는 마땅히 벌을 받아야만 합니다. 죄의 대가는 형벌이며 형벌은 곧 죽음입니다. 죄는 그 대가를 치르지 않으면 해결될 수 없습니다. 하나님께서는 예수님을 이 땅에 보내주셨습니다. 예수님께서는 우리가 받아야 할 벌을 대신 받으셨습니다.

예수님을 믿으면 예수님께서 지키신 법이 마치 내가 지킨 것으로 간주되고, 예수님을 믿으면 예수님께서 당하신 형벌이 마치 내가 당한 형벌로 간주됩니다. 예수 그리스도를 믿으면 우리는 구원을 얻고 새 생명을 얻게 됩니다. 로마서 6장 23절은 "죄의 삯은 사망이요 하나님의 은사는 그리스도 예수 우리 주 안에 있는 영생이니라"라고 말씀하며, 요한복음 3장 16절은 "하나님이 세상을 이처럼 사랑하사 독생자를 주셨으니 이는 그를 믿는 자마다 멸망하지 않고 영생을 얻게 하려 하심이라"라고 말씀합니다.

웨스트민스터 소요리문답

84문 : 범한 죄마다 마땅히 받을 보응은 무엇입니까?
　답 : 범한 죄마다 마땅히 받을 보응은 이 세상과 오는 세상에서 하나님의 진노와 저주를 받는 것입니다(갈 3:10; 마 25:41).

29문 : 오는 세상에서 받는 죄의 형벌은 무엇입니까?

답 : 오는 세상에서 받는 죄의 형벌은 하나님의 위로하시는 임재로부터 영원히 분리되는 것과 영원한 지옥불에서 영혼과 몸이 끊임없이 받는 지극히 괴로운 고통입니다(살후 1:9; 막 9:43-44, 46, 48; 눅 16:24).

89문 : 심판 날에 악인들에게는 무슨 일이 일어날 것입니까?

답 : 심판 날에 악인들은 그리스도의 왼쪽에 세워질 것이고 (마 25:33), 확실한 증거와 그들 자신의 양심의 충분한 확증에 근거하여(롬 2:15-16) 두려우면서도 공평한 정죄의 선고가 내려질 것입니다(마 25:41-43). 그리고는 은혜로우신 하나님의 임재와 그리스도와 그분의 성도들과 모든 그분의 거룩한 천사들과의 영광스러운 교제로부터 쫓겨나 지옥으로 던져져서 몸과 영혼 둘 다 마귀와 그의 천사들과 함께 말할 수 없는 고통의 형벌을 영원히 받을 것입니다(눅 16:26; 살후 1:8-9).

예상 질문 익히기

- 죄를 해결받기 위해서 우리는 어떻게 해야 합니까?
  예수님을 믿어야 합니다.

- 하나님을 믿으십니까?
  (사실 그대로 답한다.)

- 예수 그리스도를 믿으십니까?
  (사실 그대로 답한다.)

- 예수 그리스도가 당신의 주인이심을 믿으십니까?
  (사실 그대로 답한다.)

- 믿음이란 무엇입니까? (소요리문답 86문)
  예수님께서 나의 죄를 구원해 주시기 위해 죽으셨고
  다시 살아나셨으며, 그분이 나의 주인이심을
  믿고 의지하는 것입니다.

- 회개란 무엇입니까? (소요리문답 87문)
  자신의 죄를 깨닫고, 통회하고, 그 죄에서
  돌아서는 것입니다.

예상 질문 익히기

- 자신이 하나님 앞에 죄인인 줄 알며 당연히 그분의 진노를 받아야 할 사람이지만 하나님의 크신 자비에 의하여 구원을 얻는 길 외에 소망이 없는 자인 것을 인정합니까? (사실 그대로 답한다.)

- 예수님을 믿는 것 외에 다른 방식으로는 구원에 이르는 길이 없음을 믿으십니까? (소요리문답 21문) (사실 그대로 답한다.)

- 예수님을 믿지 못하도록 누군가가 핍박하더라도 예수님을 부인하지 않고 믿겠습니까? (사실 그대로 답한다.)

- 죄와 비참함의 상태에 있던 사람이 예수님을 믿으면 어떤 상태가 됩니까? (대요리문답 30문) 구원 혹은 은혜의 상태에 이르게 됩니다.

- 사도신경을 외워 보시기 바랍니다. (아는 대로 해 본다.)

- 주기도문을 외워 보시기 바랍니다.(소요리문답 99문) (아는 대로 해 본다.)

예상 질문 익히기

- 십계명을 외워 보시기 바랍니다. (소요리문답 41문)
  (아는 대로 해 본다.)

- 요한복음 3장 16절을 외워 보시기 바랍니다.
  하나님이 세상을 이처럼 사랑하사 독생자를 주셨으니 이는
  그를 믿는 자마다 멸망하지 않고 영생을 얻게 하려 하심이라

세례 · 입교 교육 교재

7과

세례 · 입교 교육 교재

교회란 무엇이며,
교회생활은 어떻게 해야 합니까?

기도	
찬송	찬송가 600장 교회의 참된 터는
성경읽기	마태복음 16장 18절; 에베소서 1장 23절

마음열기

1. 예수님을 그리스도로, 구주로 영접한 이후, 혼자서 신앙생활을 하면 안될까요?

2. 교회란 무엇이라고 생각하십니까?

1. 교회는 삼위일체 하나님께서 친히 세우신 공동체입니다.

성자 예수님은 이 세상에 계실 때 "내 교회를 세우리니"라고 약속하셨습니다(마태복음 16:18). 부활하셔서 하늘로 올라가신 예수님은 이 땅에 성령 하나님을 보내주셨습니다. 성령님은 이 땅에 교회를 세우셨습니다(사도행전 2:38-41).

이후 거듭나고 회심하여서 예수 그리스도를 주라 고백한 사람들은 교회를 이루어서 사도들의 가르침을 받고 교제하며 성찬을 나누고 기도하기에 힘썼습니다(사도행전 2:42-47). 교회를 세우신 성령 하나님께서는 지금도 계속해서 교회를 불러 모으시고 보호하시고 인도하시고 가르치시고 다스리십니다.

교회는 삼위일체 하나님께서 친히 세우신 공동체입니다. 그리스도인은 삼위일체 하나님의 구원 사역으로 세워진 교회를 믿습니다.

이때 교회 건물과 교회를 구분해야 합니다. 교회당(敎會堂)이라고 하는 교회 건물은 교회 공동체가 예배, 교육, 기도 등으로 모이기 위한 건물 혹은 장소입니다. 교회는 하나님의 부르심을 받아 그리스도를 믿는 백성들의 공동체입니다. 교회는 건물이 아니며, 조직도 아니고, 동호회, 동창회, 향우회가 아닙니다.

2 교회는 하나님의 백성, 그리스도의 몸, 성령님의 전(殿)입니다.

교회는 하나님의 백성이요(베드로전서 2:9-10), 그리스도의 몸이며(에베소서 1:23), 성령님의 전(殿)입니다(고린도전서 3:16).

교회는 하나님이 택하시고 부르신 언약 백성들의 모임입니다. 하나님은 당신의 백성들을 교회의 품 안으로 불러 모으십니다.

교회는 그리스도의 몸입니다(에베소서 1:23). 그리스도는 교회의 머리이십니다(골로새서 1:18). 교회는 예수 그리스도의 다스림을 따라 행하는 공동체입니다.

교회는 성령님의 거룩한 전입니다. 그렇기에 교회에 속한 성도는 이 땅에서 거룩한 삶을 살아야 합니다. 여전히 죄악 된 모습이 남아 있지만, 성령으로 거룩해져 가야 합니다.

"¹⁶너희는 너희가 하나님의 성전인 것과
하나님의 성령이 너희 안에 계시는 것을 알지 못하느냐
¹⁷누구든지 하나님의 성전을 더럽히면
하나님이 그 사람을 멸하시리라
하나님의 성전은 거룩하니 너희도 그러하니라"
고린도전서 3장 16-17절

3. 교회는 성도의 어머니입니다.

"하나님을 아버지로 모신 자는 교회를 어머니로 여긴다." 고대 교회 교부 아우구스티누스(Augustinus, 354-430년)와 종교개혁자 칼뱅(John Calvin, 1509-1564년)이 한 말입니다.

예수 그리스도를 믿고 세례를 받은 그리스도인은 누구든지 삼위일체 하나님께서 세우신 공동체인 교회에 속합니다. 교회에 속하여서 교회를 통해 신앙 지도를 받습니다. 영적 보호를 받습니다. 그러므로 교회는 성도의 어머니입니다. 성도는 이 어머니 교회를 결코 떠날 수 없습니다.

4. 교회 생활은 어떻게 해야 합니까?

세례 교인은 교회에 속하여서 교회 생활을 잘해야 합니다. 교회 생활에는 예배, 교육, 교제, 전도, 선교, 봉사 등이 있습니다.

1) 예배

교회 생활 중 가장 중요한 것은 예배입니다. 교회 건물을 예배당이라고 합니다. 우리는 흔히 "교회 간다"는 말을 "예배드리러 간다"고 합니다. 이 사실은 교회 생활의 가장 중요한 부분이 예배임을 잘 보여줍니다.

교회는 예배 공동체입니다(출애굽기 3:12; 말라기 3:18; 요한계시록 7:15). 예수 그리스도의 공로로 구원받아 삼위일체 하나님을 믿는 자들이 함께 모여 삼위일체 하나님께 경배와 영광을 돌려드리는 공동체입니다. 예배가 있는 곳에 교회가 있으며, 교회는 예배를 통해 그 모습을 드러냅니다. 예배는 교회의 얼굴입니다.

예배에는 공예배인 주일 오전예배와 주일 오후(저녁)예배가 있으며, 그 밖의 교회적인 모임으로 수요기도회, 금요기도회, 새벽기도회 등이 있습니다. 세례 교인은 공예배에 빠짐없이 참석하며, 기타 모임에도 적극 참여하기 위해 힘써야 합니다.

대한예수교 장로회(고신) 교회헌법(2023년판) 예배

제1장 교회와 예배

제1조 (교회)

교회란 예수 그리스도의 공로로 구원받은 그리스도인들이 모여 하나님 앞에 예배하는 공동체이다. 교회는 예수 그리스도의 몸으로서 성령의 역사로 말미암아 하나님의 말씀을 순수하고 정확하게 선포하고, 성례를 올바르게 시행하며 권징을 정당하게 집행하여 그 정통성을 유지하도록 해야 한다.

대한예수교 장로회(통합) 헌법(2023년판)
제4편 예배와 예식

제1장 교회와 예배
1-1. 예배공동체로서의 교회

1-1-1. 교회는 예수 그리스도를 구세주로 영접한 하나님의 자녀들이 모이는 공동체이다. 이 교회는 성령님의 역사 아래서 예배와 선교, 교육, 봉사, 친교를 통하여 하나님을 영화롭게 하고 영원토록 그를 즐거워하는데 그 존재의 목적을 두어야 한다.

1-1-2. 교회의 모든 성도들은 하나님의 자녀로 선택되어 구원에 이르게 하신 성부 성자 성령 되신 하나님의 은총 앞에 경건한 응답으로써 영광과 찬양과 감사를 드려야 한다.

1-1-3. 교회는 주님의 몸으로서 성령님의 역사를 통하여 계속적으로 바르게 말씀이 선포되고 성례전이 집례 되어야 할 것이며 여기에 참예한 모든 성도들이 그리스도의 증인으로서 세상 속에 하나님의 뜻이 이루어지도록 해야 한다.

1-1-4. 교회는 이 사명을 감당하기 위하여 부름 받았음을 확인해야 한다. 그러나 이 소명은 교회공동체 구성원에게 각각 다른 분야를 섬기도록 하셨으며, 특히 목사에게는 예배를 인도하며 설교와 성례전의 집례를 통하여 하나님의 말씀과 은혜를 선포하는 특수한 임무가 부여되었다. 당회는 모든 회중들을 대표하여 예배의 준비와 질서를 맡아 수행해야 한다.

예배는 일요일에 드립니다. 일요일을 기독교에서는 주일(主日)이라고 하는데, '주님의 날'이라는 뜻입니다(요한계시록 1:10). 예수 그리스도께서 십자가에서 죽으신 지 삼 일째에 다시 살아나셨는데, 그날이 바로 일요일이었습니다.

　주일은 예배를 드리는 날이기에 하나님께 온전히 드려야 하며, 거룩하게 지켜야 합니다. 주일 성수(聖守)라고 합니다.

대한예수교 장로회(고신) 교회헌법(2023년판) 예배

제2장 주일성수

제3조 (주일 성수의 의무)

　주일성수는 성도의 당연한 의무이다. 이날은 성경의 교훈에 따라 거룩히 지켜야 한다. 주일은 예배와 안식에 방해되는 개인의 유익을 추구하는 행위를 금하며, 세상 염려와 세속적 행위 혹은 쾌락적 행동을 삼가야 한다.

제4조 (주일 공동회집)

　모든 성도는 주일에 공예배로 모여야 한다. 그리스도로부터 예배를 관장할 직무를 부여받은 당회는 공예배에 관하여 성실히 성도를 지도해야 한다.

제5조 (주일 준비)

　주일은 거룩히 지켜야 하며 사전에 성실하고 경건한 마음으로 충분히 준비하여 공예배에 하나님과 교제하도록 해야 한다. 일상생활에 필요한 것들을 미리 준비하여 공예배와 주일을 거룩히 지키는 일에 일체의 거리낌이 없도록 해야 한다.

제6조 (주일에 행할 일)

　주일에는 반드시 공예배에 참석하고, 성경연구, 묵상, 기도, 찬송이나 기타 전도와 구제 등 선한 일을 통하여 하나님께 영광을 돌리고 성도의 교제를 힘써야 한다.

대한예수교장로회 (합동) 헌법(2018년판)
예배모범

제1장 주일을 거룩히 지킬 것

1. 주일을 성수하는 것은 사람의 당연한 의무이니 미리 육신의 모든 사업을 정돈하고 속히 준비하여 성경에 가르친 대로 그날을 거룩히 지킴에 구애가 없게 하라.

2. 이날은 주일인즉 종일토록 거룩히 지킬지니 공동 회집으로나 개인적으로 선행하는 일에 씀이 옳으며 종일토록 거룩히 안식하고 위급한 일 밖에 모든 사무와 육신적 쾌락의 일을 폐할지니 세상 염려와 속된 말도 금함이 옳다.

3. 이날에는 가족이나 권속으로 공동 예배하는 일과 주일을 거룩히 함에 지장이 되지 않도록 함이 옳다.

4. 주일 아침에는 개인으로나 혹 권속으로 자기와 다른 사람을 위하여 기도하되 특히 저희 목사가 그 봉직하는 가운데서 복 받기를 위하여 기도하고 성경을 연구하며 묵상함으로 공동 예배에 하나님과 교통하는 것을 준비하라.

5. 개회 때부터 일심 단합함으로 예배 전부에 참여하기 위하여 정한 시간에 일제히 회집함이 옳고 마지막 축복 기도할 때까지 특별한 연고 없이는 출입함이 옳지 않다.

6. 이와 같이 엄숙한 태도로 공식 예배를 마친 후에는 이날 남은 시간은 기도하며 영적 수양서를 읽되 특별히 성경을 공부하며 묵상하며 성경 문답을 교수하며 종교상 담화하며 시편과 찬송과 신령한 노래를 부를 것이요 병자를 방문하며 가난한 자를 구제하며 무식한 자를 가르치며 불신자에게 전도하며 경건하고 사랑하며 은혜로운 일을 행함이 옳다.

7. 주일 예배

(1) 종용히 묵도로 예배를 시작하며 단정하고 경건한 태도로 엄숙히 예배하여야 한다.

(2) 이상한 동작과 경건하지 못한 태도로 찬송이나 찬양을 인도하여 예배의 신성함을 손상하지 말아야 한다.

(3) 주일예배 시간에는 예배와 성례 외에 다른 예식은 다른 날에 행하되 가급적 간단히 행함이 옳다.

(4) 주일예배 시간에 어떤 개인을 기념, 축하, 위안, 치하하는 예배를 행하지 말고 온전히 하나님께만 예배하여야 한다.

(5) 예배당 구내에 개인을 위하여 송덕비나 공로 기념비나 동상 같은 것을 세우지 않는다.

2) 교육

교회는 배우는 곳입니다. 교회를 한자어로 교회(教會)라고 하는데, 가르치는 모임이라는 뜻입니다. 세례 교인은 계속해서 배움에 힘써야 합니다. 교회가 개설하는 각종 성경공부 프로그램과 훈련 프로그램에 참여해야 합니다. 단, 교회가 허락하지 않는 곳에 가서 성경공부를 하는 것은 조심해야 합니다. 이단과 사이비에 빠질 수 있습니다.

3) 성도의 교제

교회는 그리스도를 머리로 한 몸입니다(에베소서 1:22-23). 교회는 한 몸의 지체된 그리스도인의 공동체입니다(에베소서 4:4-16). 하나님은 우리를 개인으로 부르시지 않고 공동체로 불러주셨습니다. 그리스도인은 주님 안에서 하나입니다(갈라디아서 3:27-28). 그리스도인은 함께 지어져 가는 거룩한 교회입니다(에베소서 2:20-22).

그러므로 세례 교인은 다른 교인들과 교제를 나눠야 합니다. 기독교 신앙을 잘 요약해 둔 사도신경은 '성도의 교제'를 믿는다고 고백합니다.

성도의 교제란 한마음과 한뜻이 되어(사도행전 2:46; 4:32; 고린도전서 1:10; 빌립보서 2:2), 한목소리로 한 분 하나님을 경배하며(로마서 15:6), 한 말씀을 듣고, 한 찬송을 부르고(에베소서 5:19; 로마서 15:6), 성찬식을 통해 하나의 빵과 하나의 잔을 나누어 마시며(누가복음 22:17; 고린도전서 10:17), 서로 문안하고(로마서 16:16; 고린도전서 16:20; 고린도후서 13:11; 베드로전서 5:14), 돌아보고(고린도전서 12:25; 히브리서 10:24), 살피고, 서로의 삶을 나누고, 말씀으로 서로 권면하고(골로새서 3:16; 데살로니가전서 5:11; 히브리서 3:13; 10:24; 로마서 15:14), 격려하고(히브리서 10:24), 위로하고(데살로니가전서 4:18), 용서하고(에베소서 4:32; 골로새서 3:13), 서로 대접하고 섬기고(베드로전서 4:9-10), 서로 사랑하고(베드로전서 1:22; 4:8; 요한일서 3:18; 4:7, 11), 그 가운데 즐거워하는 자들과 함께 즐거워하고 슬퍼하는 자들과 함께 슬퍼하고

(로마서 12:15), 어려움 혹은 질병 가운데 있는 이를 위로하고 기도하며(고린도전서 12:26; 야고보서 5:16), 연약한 형제를 권면하고 이끌어 주며, 서로 짐을 지는 것입니다(갈라디아서 6:2).

4) 전도와 선교

교회는 복음을 전하는 공동체입니다. 여러분이 세례를 받기 위해 준비 중인 것도 복음이 전파되었기 때문입니다. 세례 교인(입교인)이 된다는 것은 교회의 사명인 복음 전파 사역에 동참한다는 것입니다. 세례 교인(입교인)은 믿지 않는 사람들에게 복음을 전해야 합니다. 또한 외국에서 복음 전파에 힘쓰는 선교사들을 위해 기도와 물질로 도와야 합니다.

"41 그 말을 받은 사람들은 세례를 받으매
이날에 신도의 수가 삼천이나 더하더라
42그들이 사도의 가르침을 받아 서로 교제하고
떡을 떼며 오로지 기도하기를 힘쓰니라"
사도행전 2장 41-42절

예상 질문 익히기

- 교회란 무엇입니까?
  하나님의 부름을 받아 예수 그리스도를 구주로 믿는 성도들이
  모여 하나님 앞에 예배하는 공동체입니다.

- 교회의 머리는 누구십니까?
  예수 그리스도

- 교회의 중요한 일은 무엇입니까?
  예배, 교육, 교제, 전도, 선교, 봉사

- 예배란 무엇입니까?
  삼위일체 하나님께 마땅한 경배와 영광을 돌려드리는 일입니다.

- 예배는 어떤 자세로 드려야 합니까?
  경건하게 드려야 합니다.

- 개신교인이 예배드리는 날은 무슨 요일입니까?
  일요일이며, 주일이라고 부릅니다.

- 주일은 어떻게 지켜야 합니까?
  거룩하게 지켜야 하며, 평안한 안식의 날이 되어야 합니다.

- 설교의 내용은 이해가 되고, 유익이 되십니까?
  (사실 그대로 답한다.)

예상 질문 익히기

- 기도는 무엇입니까? (소요리문답 98문)
  우리의 소원을 하나님께 드리는 것으로, 하나님의 뜻에 합당한 것을 간구하는 일입니다.

- 기도의 마지막은 어떻게 마쳐야 합니까?
  예수님의 이름으로 기도합니다. 아멘.

- 평소에 기도는 얼마나 하십니까?
  (사실 그대로 답한다.)

- 평소에 성경은 얼마나 읽으십니까?
  (사실 그대로 답한다.)

- 본 교회의 이름과 담임목사의 이름을 알고 계십니까?
  (사실 그대로 답한다.)

- 본 교회 장로의 이름을 알고 계십니까?
  (사실 그대로 답한다.)

- 목사와 장로, 기타 가르치는 분들의 권면에 순종하십니까?
  (사실 그대로 답한다.)

- 본 교회는 어느 교파에 속해 있습니까?
  장로교회입니다.

- 다른 사람에게 복음을 전해 본 일이 있습니까?
  (사실 그대로 답한다.)

- 혹여나 교회에 어려움이 생겼을 때 어떻게 해야 합니까?
  교회를 위해 기도하면서 인내해야 합니다.

세례·입교 교육 교재

8과

세례 · 입교 교육 교재

성경은 어떤 책입니까?

성경은 어떤 책입니까?

기도	
찬송	찬송가 200장 달고 오묘한 그 말씀
성경읽기	디모데후서 3장 14-17절

마음열기

1. 이 세상에서 가장 많이 팔린 책이 무엇인지 아십니까?

2. 성경을 읽으면서 느낀 점은 무엇입니까?

1. 성경은 하나님의 말씀입니다.

성경은 하나님의 말씀입니다. 성경은 사람의 말이 아닙니다. 물론 사람이 기록했습니다. 약 40여 명의 사람이 기록했습니다. 모세, 여호수아, 사무엘, 다윗, 솔로몬, 이사야, 다니엘, 마태, 마가, 누가, 요한, 바울 등이 기록했습니다. 하지만 하나님의 말씀입니다. 하나님께서 사람을 통해 기록케 하셨습니다. 여러 사람이 기록했지만 그 내용에 모순이 없으며 통일성을 갖고 있다는 사실은 한 분 하나님께서 기록하신 말씀임을 증명해 줍니다.

베드로후서 1장 20-21절은 "[20]먼저 알 것은 성경의 모든 예언은 사사로이 풀 것이 아니니 ²¹예언은 언제든지 사람의 뜻으로 낸 것이 아니요 오직 성령의 감동하심을 받은 사람들이 하나님께 받아 말한 것임이라"라고 말씀합니다. 디모데후서 3장 16절은 "모든 성경은 하나님의 감동으로 된 것으로"라고 말씀합니다. 여기 "하나님의 감동으로 된 것"이라는 말은 영어 성경(NIV)에 따르면 '하나님께서 숨을 불어 넣으시다'(God-breathed)는 뜻을 갖고 있습니다. 하나님께서 숨을 불어 넣으시다는 것은 하나님께서 말씀하신다는 뜻입니다.

성경은 하나님의 말씀이기에 시대에 따라 변하지 않는 영원한 진리입니다.

2. 성경은 구약과 신약으로 구성되어 있습니다.

성경은 한 권이지만 여러 권의 작은 책이 모여 있습니다. 크게 구약성경과 신약성경으로 나눌 수 있습니다. 구약은 39권, 신약은 27권입니다. 모두 합쳐서 66권입니다. 3×9=27 이렇게 외우면 쉽습니다.

성경에는 방대한 하나님의 구원 역사가 기록되어 있습니다. 구약성경에는 창조부터 예수 그리스도의 탄생 이전까지의 일과 장차 오실 예수 그리스도에 대한 예언 등이 기록되어 있습니다. 신약성경에는 예수 그리스도의 오심과 하신 일, 사도들의 복음 전파 등이 기록되어 있습니다.

각 성경은 역사, 시, 편지, 예언 등 다양한 형식(장르)으로 기록되었습니다.

성경 66권 각각을 다음과 같은 약자로 표시할 수 있습니다.

구약성경

창세기(창) 출애굽기(출) 레위기(레) 민수기(민) 신명기(신) 여호수아(수) 사사기(삿) 룻기(룻) 사무엘상(삼상) 사무엘하(삼하) 열왕기상(왕상) 열왕기하(왕하) 역대상(대상) 역대하(대하) 에스라(스) 느헤미야(느) 에스더(에) 욥기(욥) 시편(시) 잠언(잠) 전도서(전) 아가서(아) 이사야(사) 예레미야(렘) 예레미야 애가(애) 에스겔(겔) 다니엘(단) 호세아(호) 요엘(욜) 아모스(암) 오바댜(옵) 요나(욘) 미가(미) 나훔(나) 하박국(합) 스바냐(습) 학개(학) 스가랴(슥) 말라기(말)

신약성경

마태복음(마) 마가복음(막) 누가복음(눅) 요한복음(요) 사도행전(행) 로마서(롬) 고린도전서(고전) 고린도후서(고후) 갈라디아서(갈) 에베소서(엡) 빌립보서(빌) 골로새서(골) 데살로니가전서(살전) 데살로니가후서(살후) 디모데전서(딤전) 디모데후서(딤후) 디도서(딛) 빌레몬서(몬) 히브리서(히) 야고보서(약) 베드로전서(벧전) 베드로후서(벧후) 요한일서(요일) 요한이서(요이) 요한삼서(요삼) 유다서(유) 요한계시록(계)

대체로 성경 66권을 내용이나 형식을 따라 다음 표 같이 분류합니다.

구분	분류			책명
구약	율법서			창, 출, 레, 민, 신
	역사서			수, 삿, 룻, 삼상하, 왕상하, 대상하, 스, 느, 에
	시가서			욥, 시, 잠, 전, 아
	예언서	대예언서		사, 렘, 애, 겔, 단
		소예언서		호, 욜, 암, 옵, 욘, 미, 나, 합, 습, 학, 슥, 말
신약	복음서			마, 막, 눅, 요
	역사서			행
	서신서	바울서신	교리서신	롬, 고전, 고후, 갈
			옥중서신	엡, 빌, 골, 몬
			목회서신	딤전후, 딛
			일반서신	살전후
		공동서신		히, 약, 벧전후, 요일이삼, 유
	예언서			계

성경 목록을 암송하는 것은 중요합니다. 성경 목록이 길기 때문에 다음 노래를 따라 반복해 부르면 쉽게 암송할 수 있습니다.

3. 성경은 신앙과 생활의 규칙입니다.

성경은 우리가 무엇을 믿어야 할지, 우리가 어떻게 살아야 할지를 가르쳐 줍니다. 성경은 우리 삶에 무엇이 옳고 그른지를 가르쳐 줍니다. 또한 우리가 잘못된 길을 걸어갈 때 길을 찾게 해 줍니다. 선한 일을 할 수 있도록 인도해 줍니다. 다윗은 "주의 말씀은 내 발에 등이요 내 길에 빛이니이다"(시편 119:105)라고 했습니다. 결국 성경을 통해 우리는 온전한 그리스도인이 될 수 있습니다. 그렇기에 신앙과 생활의 규칙입니다(웨스트민스터 신앙고백서 제1장 2절; 웨스트민스터 대요리문답 3문답).

디모데후서 3장 15-17절은 "15성경은 능히 너로 하여금 그리스도 예수 안에 있는 믿음으로 말미암아 **구원에 이르는 지혜**가 있게 하느니라 ¹⁶모든 성경은 하나님의 감동으로 된 것으로 **교훈과 책망과 바르게 함과 의로 교육하기에 유익하니** ¹⁷이는 **하나님의 사람으로 온전하게 하며 모든 선한 일을 행할 능력을 갖추게 하려 함이라**"라고 말씀합니다.

그러므로 우리는 매일 음식을 먹는 것처럼, 성경을 읽어야 합니다. 성경은 영혼의 양식입니다.

웨스트민스터 대요리문답

3문 : 하나님의 말씀은 무엇입니까?
　답 : 구약과 신약 성경이 하나님의 말씀이며(딤후 3:16; 벧후 1:19-21), 믿음과 순종을 위한 유일한 규칙입니다(엡 2:20; 계 22:18-19; 사 8:20; 눅 16;29, 31; 갈 1:8-9; 딤후 3:15-16).

5문 : 성경이 주로 가르치는 것은 무엇입니까?
　답 : 성경이 주로 가르치는 것은 사람이 하나님에 대하여 믿을 것은 무엇인가와 하나님께서 사람에게 요구하시는 의무는 무엇인가입니다(딤후 1:13).

- 성경은 어떤 책입니까? (대요리문답 3문)
  성경은 하나님의 말씀으로, 신앙과 생활의
  유일한 법칙입니다.

- 성경을 두 부분으로 나누면 무엇과 무엇입니까?
  구약과 신약

- 성경의 저자는 누구입니까?
  (성령) 하나님

- 구약성경과 신약성경의
  주요 배경이 되는 나라는 어디입니까?
  이스라엘

- 구약성경에는 주로 무엇이 기록되어 있습니까?
  창조부터 예수 그리스도의 탄생 이전까지의 일과 장차 오실
  예수 그리스도에 대한 예언이 기록되어 있습니다.

- 신약성경에는 주로 무엇이 기록되어 있습니까?
  예수 그리스도의 탄생과 이 땅 위에서 하신 일,
  사도들의 복음 전파 등이 기록되어 있습니다.

- 성경의 첫 책은 무엇입니까?
  창세기

- 성경의 마지막 책은 무엇입니까?
  요한계시록

- 여호수아서는 구약과 신약 중 어디에 속해 있습니까?
  구약

- 에베소서는 구약과 신약 중 어디에 속해 있습니까?
  신약

- 예수님의 생애를 기록한 복음서 네 권은 무엇입니까?
  마태복음, 마가복음, 누가복음, 요한복음

- 성경에 기록된 모든 내용이 사실 그대로임을 믿으십니까?
  네. 모두 다 역사적 사실이요,
  앞으로 반드시 일어날 일입니다.

- 성경이 주로 가르치는 것은 무엇입니까? (소요리문답 3문)
  우리가 하나님에 대하여 믿어야 할 것과 하나님께서
  사람에게 요구하시는 의무가 무엇인지를 주로 가르칩니다.

9과

세례 · 입교 교육 교재

세례 교인과 입교인의
의무와 권리는 무엇입니까?

9과 세례 교인과 입교인의 의무와 권리는 무엇입니까?

기도	
찬송	찬송가 436장 나 이제 주님의 새 생명 얻은 몸
성경읽기	디모데전서 5장 17절

마음열기

1. 대한민국 국민의 의무는 무엇입니까?

세례를 받고 나면(입교인이 되면), 정식 교인으로 교회의 관할(管轄)과 치리(治理) 하에 있습니다. 세례 교인이 된다는 건 교회의 정회원이 된다는 뜻입니다. 그렇기에 의무와 권리를 수행해야합니다. 국민에게 국가에 대한 의무와 권리가 있듯, 교인에게도 교회에 대한 의무와 권리가 있습니다. 교회의 의무와 권리는 국가와 같이 강제력을 행사하지는 않지만, 하나님의 은혜를 기억하면서 자발적으로 감당해야 합니다.

1. 세례 교인(입교인)의 의무

1) 공예배에 참석해야 합니다.

세례 교인(입교인)은 공예배에 적극 참석해야 합니다. 공예배는 주일 오전예배와 주일 오후(저녁)예배가 있습니다. 공예배 외에도 수요기도회, 금요기도회, 새벽기도회, 구역모임 등 교회가 정한 공적인 모임에 참석하려고 노력해야 합니다.

 2) 헌금 생활을 해야 합니다.
 세례 교인은 교회의 정회원으로서 헌금 생활을 해야 합니다. 헌금은 인색함이나 억지로 해서는 안 되며 자원하는 마음으로 기쁘게 해야 합니다(고린도후서 9:7). 헌금은 목회자의 생활비(고린도전서 9:4-14; 디모데전서 5:17-18), 구제(사도행전 4:32-37), 선교(빌립보서 4:15-19), 다른 교회를 돕는 일(사도행전 11:27-30; 로마서 15:26; 고린도전서 16:1-4), 교육, 교회당 건물 유지, 주일 점심 식사, 각종 비용 등에 사용됩니다.
 헌금 내역과 지출 내역은 제직회와 공동의회를 통해 공개되며, 세례 교인은 공동의회에 참석하여 예산과 결산을 의결하는 권리를 행사할 수 있습니다.

 3) 교회를 위해 봉사해야 합니다.
 세례 교인은 주일학교 교사, 전도, 찬양대, 안내, 식당 등 교회에 필요한 각종 봉사에 적극 협조해야 합니다.

 4) 교회의 관할과 치리에 복종해야 합니다.
 세례 교인은 하나님께서 말씀을 따라 교회에 허락하신 질서 위에 세워진 당회와 직분자에게 순종해야 합니다(웨스트민스터 신앙고백서 제30장).

2. 세례 교인(입교인)의 권리

1) 성찬에 참여할 권리

세례 교인(입교인)은 성찬에 참여할 수 있습니다. 성찬은 예수 그리스도의 살과 피를 상징하는 빵과 포도주를 먹고 마시는 일입니다. 성찬을 통해 예수 그리스도의 고난, 죽으심, 부활, 재림을 기억하고 기념합니다. 성찬은 세례 교인만 참여할 수 있으며, 세례 교인이라도 수찬정지와 같은 시벌을 받은 경우 일정 기간 동안 이 권리를 상실할 수 있습니다.

2) 영적 보호를 받을 권리

세례 교인은 교회로부터 영적 보호를 받을 권리가 있습니다. 설교와 심방, 기타 상담을 통해 자신의 신앙에 대한 점검을 받을 권리가 있습니다.

3) 공동의회 회원권

세례 교인은 교회의 회원으로서, 공동의회에 참석하여 예산과 결산, 교회의 재산에 관한 사항, 직원 선거, 당회가 요청한 안건 등에 대해 자신의 의사를 표현할 권리가 있습니다.

4) 선거권과 피선거권

세례 교인은 교회의 직원을 선출할 권한과 그 외에 성경이 정한 자격에 따라 피선거권을 가집니다. 단, 시벌을 받은 경우 일부 권리를 상실할 수 있습니다.

5) 모든 청구권

세례 교인은 교회의 회원이기에 모든 청구권을 가집니다. 교회의 여러 가지 일에 대해 당회에 문의할 수 있고, 각종 서류를 발급받을 수 있습니다.

대한예수교장로회 (고신) 교회헌법(2023년판)
정치 제3장 교인

제24조 (교인의 권리)
1. 세례 교인은 성찬 참여권과 공동의회 회원권 및 교인으로서의 모든 청구권과 영적 보호를 받을 권리, 법규에 따른 개체교회에서의 선거권 및 피선거권이 있다. 단, 무단 6개월 이상 본 교회 예배에 참석치 않으면 위 권리를 정지한다.
2. 교인이 노회에 교회 헌법에 따라 진정서나 청원서 등을 제출하고자 하면 당회를 경유하여야 하며, 당회가 이를 거부할 때는 제출 서류에 당회가 거부한 이유서를 첨부하여야 한다.

제25조 (교인의 의무)
1. 교인은 공적 예배 참여, 헌금, 전도, 봉사, 교회 치리에 복종할 의무를 갖는다.
2. 교인의 자녀 관리 의무
1) 보이는 교회 내에서 출생한 모든 자녀들은 교인이다.
2) 자녀들에게 세례를 받게 하고 교회의 보호 아래 두어 정치와 권

징에 복종하도록 양육하여야 한다.

3) 자녀가 성장하면 교회의 모든 의무를 이행하도록 관리하여야
한다.

제26조 (교인의 이명)

1. 교인이 이거하거나 기타 사정으로 교회를 떠날 때는 소속 당
회에 이명 청원을 하여야 한다.

2. 교인이 다른 교회로 이거한 후 6개월 이내에 전 소속 교회 당
회장에게 이명청원을 하여야 하며, 이명절차가 끝나기까지는 전
소속 교회 치리 하에 있다.

3. 이명 증서를 받아 교인으로 등록되면 즉시 이명접수 통지서
를 이명한 교회에 보내야 하며, 이명을 허락할 수 없을 경우에는 이
명증서를 반송하여야 한다.

4. 교인의 이명증서에는 책벌사항을 명기하여야 한다.

5. 이명증서 발급 후 3개월 이내에 반송된 때에는 원 교적에 복
원된다.

6. 책벌 하에 있는 교회의 직원은 그 치리회의 결의가 있어야 복
직된다.

제27조 (교인의 신고)

교인은 학업, 병역, 직업, 기타 사유로 인하여 개체교회를 떠나 6개
월 이상 경과하게 될 경우에는 소속당회에 이를 신고하여야 한다.

제28조 (교인의 자격)

1. 자격정지 및 상실: 교인이 신고 없이 교회를 떠나 의무를 행치

않고 6개월을 경과하면 교인권이 정지되고, 1년을 경과하면 교인권이 상실된다.

2. 교인권 부여: 다른 교회 교인이 이명서 없이 본 교회에 출석한 지 6개월을 경과하면 당회의 결의로 교인권을 줄 수 있다.

제29조 (교인권의 복권)

교인권을 상실한 자가 본 교회에 돌아와 출석한 지 6개월이 경과하면 당회의 결의로 교인권을 복권시킬 수 있다.

대한예수교장로회 (합동) 헌법(2018년판) 헌법적 규칙

제2조 교인의 의무

1. 교인은 교회의 정한 예배회와 기도회와 모든 교회 집회에 출석하여야 한다.

2. 교인은 노력과 협력과 거룩한 교제로 교회 발전에 진력하며 사랑과 선행으로 하나님을 영화롭게 하여야 한다.

3. 교인은 교회의 경비와 사업비에 대하스여 성심 협조하여 자선과 전도 사업과 모든 선한 일에 노력과 금전을 아끼지 않아야 한다.

4. 성경 도리를 힘써 배우며 전하고 성경 말씀대로 실행하기를 힘쓰며 예수 그리스도의 정신을 우리 생활에서 나타내어야 한다.

5. 교회의 직원으로 성일(聖日)을 범하거나 미신 행위나 음주 흡연 구타하는 등의 행동이나 고의로 교회의 의무금을 드리지 않는 자는 직임(職任)을 면(免)함이 당연하고 교인으로는 의무를 이행

하지 않는 자로 간주한다.

교인은 진리를 보수(保守)하고 교회 법규를 잘 지키며 교회 헌법에 의지하여 치리함을 순히 복종하여야 한다.

제3조 교인의 권리

교회의 주권과 모든 권리는 교인에게 있다.

1. 교인은 교회 헌법대로 순서를 따라 청원(請願), 소원(所願), 상소(上訴)할 권리가 있다.

2. 교인은 지교회에서 법규대로 선거 및 피선거권이 있다. 그러나 무고히 6개월 이상 본 교회 예배회에 계속 출석치 아니한 교인은 위의 권리가 중지된다.

3. 무흠 입교인은 성찬에 참례하는 권한이 있다.

4. 교인은 그리스도의 몸된 교회를 위하여 분량(分量)에 따라 일할 특권이 있다.

대한예수교장로회 (합신) 헌법(2021년판) 교회정치 제3장 교인

제2조 교인의 의무

1. 모든 예배회와 기도회와 각기 관련된 집회에 출석할 것(히 10:24-25)이며,

2. 거룩한 단합과 교회 발전에 협력하며, 믿음과 사랑으로 행하여 하나님을 영화롭게 할 것(고전 10:31; 빌 2:1-4)이요,

3. 자기와 자신의 소유 전부를 하나님의 것으로 알고 자원하는

마음으로 헌금하며, 교회의 복음사역을 위하여 물질로 협력할 것
(고후 8:1-9:15)이요,

4. 성경을 힘써 배우고 행하며(빌 2:15; 약 2:17-18), 복음을 증
거할 것(행 1:8; 딤후 4:2)이며,

5. 교회의 권면과 치리에 순종할 것(벧전 5:5)이다.

제3조 교인의 권리

1. 모든 교인들은 그리스도 안에서 당당히 하나님을 직접 섬기는
영적 권리를 가진다(엡 3:12; 히 4:16).

2. 흠 없는 입교인은 성찬에 참여할 권리(고전 11:26-27)와 은
사의 분량에 따라 교회를 봉사할 권리가 있다(롬 12:6-11; 벧전
4:10-11).

3. 교회의 기본 권리는 그리스도 안에서 입교인이 가진다(행
6:5). 이 권리 행사는 개인 자격으로 실행하기보다 공동의회에 의
하여 실행한다.

4. 입교인은 선거권과 피선거권이 있다.

5. 입교인은 공동의회의 회원권을 가진다(행 15:22). 단, 6개월
이상 까닭없이 본교회에 출석하지 아니한 자는 권리가 중지된다.

6. 입교인은 교회 헌법의 절차를 따라 청원, 소원, 상소할 권리
를 가진다.

제4조 교인의 이명

1. 입교인과 자녀
교회 입교인의 자녀는 다 교인이니, 마땅히 세례를 받게 하여 교회
의 보호 아래 두어 정치와 권징에 복종하게 할 것이다. 또 그가 장

성하여 지각있는 나이가 되면 교인의 모든 책임을 마땅히 이행할 것이다(신 6:6-7).

2. 이주 통지

교인이 다른 지방으로 이사 가면, 본 교회 당회장은 그 교인의 이주 사실을 그 지방의 지교회의 당회장에게 통지할 것이다.

3. 이명청원과 발급

교인이 이사하거나 기타 사정으로 지교회를 떠나 그 지방의 지역 교회로 이명하기를 원할 때에는, 당회가 옮겨가는 교회가 본 교단 에서 이단이나 불건전하다고 판단한 교파에 속하지 않았을 경우 당회가 이명서를 발급하고 그러한 사실을 옮겨가는 교회에 통지 해야 한다.

이명서에 기록될 사항은 옮겨가는 교회 이름과 주소, 그 지역 노회의 이름, 가족의 이름과 생년월일, 신급과 직분명과 받은 연월일, 권징사항, 기타 특기사항 등이다.

4. 이명서 제출기한

이명서를 받은 교인은 1년 이내에 이명서에 기록된 지교회에 이명 서를 제출하고 그 지교회에 가입하여야 한다.

5. 이명서를 받은 교인의 치리권

지교회에서 이명서를 받은 교인이 다른 지교회에 가입하기 전에 는 여전히 본회 관할에 속한다.

6. 이명자의 권리

교인이 이명서를 받은 그때로부터 그 지교회의 회원권(공동의회) 과 직원의 시무권이 없어진다.

7. 이명증서 반환

이명서를 받은 후 1년 이내에 그것을 본 교회로 반환하면 당회는 그 이명서를 받은 후에 회의록에 기록할 것이다. 단 전에 시무하던 직분을 계속할 수는 없다.

8. 이명증서를 청구치 않는 교인

다른 지방으로 옮겨간 교인이 상당한 이유 없이 2년이 경과하도록 이명서를 청구하지 아니하면, 당회는 그의 성명과 이주 시일을 별명부에 기록하고 계속 탐문하여 그 형편을 파악하기를 힘쓸 것이다(눅 15:8-10).

9. 이명증서 없이 떠난 교인

교인이 본 교회를 떠나 의무를 행치 않고 아무 연락도 없이 1년을 경과하면 그 회원권이 정지되고, 2년을 경과하면 실종교인이 되어 별명부로 옮기고, 3년이 경과하면 교인명부에서 삭제하되 그 사유를 회의록에 상세히 기록한다.

10. 별명부 교인의 이명 청원

지교회에서 떠난 지 2년이 지나서 별명부로 옮겨진 교인이 이명서를 청구하면 본 당회는 이명서에 그 사실을 기입할 것이다.

11. 폐지된 교회의 교인 이명

지교회가 폐지된 경우에는 그 소속 노회가 그 교인들을 직할하여 이명서를 발급하여 원하는 지교회에 속하게 한다. 단, 폐지된 지교회의 당회에서 착수하였던 재판 사건이 있으면 역시 그 소속 노회가 접수하여 이를 계속 처리한다.

12. 다른 교파 가입 교인

본 교회의 이명서 없이 다른 교파에 가입하는 것은 무례한 일이니, 본 당회는 그를 제명하고 그 사건을 당회록에 기록할 것이요, 그 교인에 대하여 착수한 송사 안건이 있었으면 계속 재판할 수 있다.

대한예수교장로회 (통합) 헌법(2023년판) 정치 제3장 교인

제15조 교인의 의무

교인의 의무는 공동예배 출석과 봉헌과 교회 치리에 복종하는 것이다.

제16조 교인의 권리

세례 교인(입교인)과 유아세례 교인, 아동세례 교인은 성찬 참례권을 가진다. 또한 세례 교인(입교인)과 아동세례 교인으로 18세 이상인 자는 공동의회 회원권을 가진다.

제17조 교인의 이명

　1. 교인은 특별한 사정으로 인하여 다른 교회로 이명하고자 하는 경우에는 6개월 이내에 소속 당회에 이명 청원을 하여야 한다.

　2. 당회는 이명청원서를 접수 후 합당하다고 인정하는 경우 이명 증명서를 발급한다. 당회는 당사자가 이단으로 규정된 교회로 옮기려는 경우, 정당한 이유 없이 이명을 청원하는 경우, 소송계류 중에 있는 경우 등에는 이명 증명서를 발급하지 아니할 수 있다.

　3. 책벌 하에 있는 교인의 이명증서에는 책벌사항을 명기하여야 한다.

　4. 본 총회가 인정하는 교파에 속한 교인이 본 교단 교회로의 이명을 원하는 경우에는 이명을 허락할 수 있다.

제18조 교인의 출타신고

교인은 학업, 병역, 직업 등의 사유로 인하여 지교회를 떠나 6개월 이상 경과하게 될 경우에는 소속 당회에 이를 신고하여야 한다.

제19조 교인의 자격정지
교인이 신고 없이 교회를 떠나 의무를 행치 않고 6개월을 경과하면 회원권이 정지되고 1년을 경과하면 실종교인이 된다.

제20조 교인의 복권
　1. 회원권이 정지된 교인이 다시 본 교회로 돌아온 때에는 6개월이 경과된 후 당회의 결의로 복권시킬 수 있다.
　2. 실종교인이 다시 본 교회로 돌아온 때에는 1년이 경과된 후 당회의 결의로 복권시킬 수 있다.

3. 세례 교인(입교인)의 삶

　기독교 신자는 믿기만 하는 사람이 아닙니다. 믿는 바를 따라서 살아가는 사람입니다. 믿음이 있다고 하면서 믿음의 열매가 삶으로 드러나지 않으면 참된 믿음이 아닙니다. 믿음은 반드시 행함으로 나타납니다(야고보서 2:17). 진정으로 믿는 자는 행함을 무가치하게 여기지 않습니다. 참된 믿음은 선한 삶을 살게 만듭니다.

　예수님을 믿으면 삶이 바뀝니다. 살아가는 이유와 방식이 바뀝니다. 평소의 삶에서 패턴이 달라지는 것은 아닙니다. 교회 출석, 경건 생활(성경 읽기, 기도 등)에 있어서 변화가 있지만, 직장생활,

학교생활, 가정생활을 하는 것 자체가 변화되지는 않습니다. (어떤 이단 종교들은 직장생활을 그만두게 한다든지 합니다.) 다만, 그 이유와 목적과 방향이 달라집니다.

기독교 신자가 되기 전에는 삶의 목적이 없다든지, 혹은 자기 자신을 위해서, 가족들을 위해서, 그 밖의 다른 목적을 위해 살았다면, 이제는 모든 일에 있어서 하나님의 영광을 위해서 하게 됩니다. 기독교 신자가 되기 전에는 자기 자신의 힘, 능력, 돈, 그 밖에 과학기술이나 세상을 의지했다면, 이제는 오직 삼위일체 하나님의 도우심만을 믿고 삽니다.

기독교 신자의 삶에 있어서 가장 중요한 것은 죄에 대한 태도입니다. 하나님 앞에서 자신이 죄인이라는 사실을 인식하며, 죄에서 완전히 벗어날 수는 없어도 최대한 죄를 짓지 않으려고 노력하는 삶을 삽니다.

나아가 기독교 신자는 예배 생활에 힘쓰며, 교회의 구성원으로서 살아갑니다. 평소의 삶에서도 경건에 힘씁니다.

기독교 신자가 된 이후 어떻게 살아야 하는지에 대해서는 십계명(출애굽기 20:2-17 또는 찬송가 제일 마지막 페이지)에 잘 요약되어 있습니다. 십계명은 하나님 사랑과 이웃 사랑으로 요약할 수 있습니다.

"³⁷예수께서 이르시되

네 마음을 다하고 목숨을 다하고 뜻을 다하여

주 너의 **하나님을 사랑하라** 하셨으니

³⁸이것이 크고 첫째 되는 계명이요

³⁹둘째도 그와 같으니 **네 이웃을 네 자신 같이 사랑하라** 하셨으니

⁴⁰이 두 계명이 온 율법과 선지자의 강령이니라."

마태복음 22장 37-40절

세례 교인은 하나님을 사랑합니다. 하나님을 사랑한다는 건 그분께 영광을 돌리는 삶을 말합니다. 하나님께서 말씀하신 명령을 지키는 것을 말합니다. 마음, 목숨, 뜻을 다해 하나님을 사랑합니다(마태복음 22:37). 마음을 다한다는 건 하나님을 찾고 섬기고 사랑함에 있어서 마음을 다한다는 것입니다. 목숨을 다한다는 건 하나님을 사랑함에 있어서 내 목숨까지 내어놓을 정도로 사랑하는 것을 말합니다. 뜻을 다한다는 건 나의 의지를 다하여 사랑한다는 것입니다.

세례 교인의 삶은 오직 하나님 한 분만으로 만족합니다. 때로는 예수 그리스도에 대한 믿음을 지키기 위해 핍박도 감수할 수 있어야 합니다(마태복음 10:22; 24:9; 요한복음 16:18, 20; 디모데후서 3:12; 베드로전서 4:12-14; 요한일서 3:13).

세례 교인은 이웃을 사랑합니다. 이웃을 자기 자신처럼 사랑합니다(마태복음 22:39). 이웃이 어려움에 빠졌을 때에 도움을 베풀

어야 합니다(누가복음 10:25-37). 아직 복음을 알지 못하는 이웃에게 복음을 전해야 합니다(다니엘 12:3; 야고보서 5:20). 복음을 알지 못하는 그들을 불쌍히 여기며 기도하고 전도해야 합니다. 이웃의 생명, 가정, 재산, 명예를 존중하고 보호합니다.

기독교 신자의 이러한 삶은 예수님을 믿음과 동시에 일어나면서도 또한 천천히 일어나며 일평생 계속됩니다.

웨스트민스터 소요리문답

40문 : 하나님께서 사람에게 순종의 법칙으로 처음 계시하신 것은 무엇입니까?
 답 : 하나님께서 사람에게 순종의 법칙으로 처음 계시하신 것은 도덕법입니다(롬 2:14-15; 10:5).

41문 : 이 도덕법은 어디에 요약적으로 들어있습니까?
 답 : 이 도덕법은 십계명에 요약적으로 들어있습니다(신 10:4 마 19:17)

42문 : 십계명의 강령(綱領)은 무엇입니까?
 답 : 십계명의 강령은 "네 마음을 다하고 목숨을 다하고 힘을 다하고 뜻을 다하여 주 너의 하나님을 사랑하고 또 이웃 사랑하기를 네 몸과 같이 하라" 하신 것입니다(마 22:37-40).

예상 질문 익히기

- 주일 오전 예배는 잘 참석하십니까?
  (사실 그대로 답한다.)

- 주일 오후(저녁) 예배도 참석하십니까?
  (사실 그대로 답한다.)

- 헌금은 무엇입니까?
  구원받은 성도가 하나님께서 주신 은혜에 감사하여
  하나님께 드리는 물질입니다.

- 헌금은 정직하고 성실하게 드리십니까?
  (사실 그대로 답한다.)

- 세례 교인의 의무와 권리는 무엇입니까?
  의무는 공예배 참석, 헌금, 전도, 봉사, 교회의 치리에 복종
  등이 있습니다. 권리는 영적 보호를 받을 권리, 성찬에 참여
  할 권리, 공동의회 회원권, 모든 청구권 등이 있습니다.

- 사람의 제일 되는 목적은 무엇입니까? (소요리문답 1문)
  하나님께 영광을 돌리고,
  그분을 영원토록 즐거워하는 것입니다.

- 기독교 신자는 이 세상에서 어떻게 살아야 한다고
  생각하십니까?
  하나님과 예수님의 이름을 더럽히지 않고
  세상의 모범이 되어야 합니다.

- 기독교 신자가 어떻게 살아야 하는지에 대해서는
  어디에 잘 나와 있습니까? (소요리문답 41문)
  십계명에 요약되어 있습니다.

- 십계명 중 제1계명은 무엇입니까?
  하나님 외에 다른 신을 두지 말라

- 십계명 중 제6계명은 무엇입니까?
  살인하지 말라

- 십계명 중 제7계명은 무엇입니까?
  간음하지 말라

- 술이나 담배는 하십니까?
  (사실 그대로 답한다.)

- 직업은 무엇입니까?
  그리스도인으로서 합당하지 못한 직업은 아닙니까?
  (사실 그대로 답한다.)

- 이웃 사랑을 위해 어떤 일을 하십니까?
  (사실 그대로 답한다.)

- 예수님을 믿은 이후 조상제사를 지내거나 점을 치거나
  사주팔자를 보는 등의 일을 하십니까?
  (사실 그대로 답한다.)

세례 및 입교 문답과
세례 및 입교식

기도	
찬송	찬송가 615장 그 큰 일을 행하신
성경읽기	마가복음 16장 16절

마음열기

1. 지금까지의 공부를 마치면서 자기 자신을 생각해 볼 때
   세례받기에 혹은 입교하기에 합당하다고 생각하십니까?

1. 세례 문답 및 입교 문답 시 유의사항

세례 및 입교 교육 마지막 시간입니다. 그동안 수고하셨습니다. 세례 교육을 마치셨다고 해서 바로 세례를 받는 것은 아닙니다. 교회를 다스리도록 세움 받은 목사와 장로의 회의인 당회(堂會) 앞에서 세례받기에 적합한지 확인하는 시간을 갖게 될 것입니다.

당회는 여러분에게 몇 가지 질문을 할 것입니다. 여러분은 아시는 대로 솔직하게 답하시면 됩니다. 묻고 답한다고 해서 문답(問答)이라고 합니다. 기독교회는 오래전부터 묻고 답하는 방식으로 교육하고 시험을 치르는 전통이 있습니다.

문답을 위해서 지금까지 배운 내용을 다시 한번 점검해 보시기 바랍니다. 외워야 할 것은 외우시기 바랍니다. 자신이 실천하지 못하는 것이 있으면 이 기회를 통해 새롭게 결심하시고 실천하시기 바랍니다.

2. 세례받을(입교할) 때의 자세

당회 문답을 통과하시면 적절한 날에 세례를 받게 될 것입니다 (또는 입교할 것입니다). 세례식(입교식)이 거행되기까지 경건한 마음으로 준비하시기 바랍니다. 세례식이 있기 하루 전이나 이틀 전에 금식하셔도 좋습니다.

세례식(입교식) 당일에는 아침 일찍 일어나 몸과 마음을 가지런히 하여 단정한 복장으로 예배에 참석합니다. 세례식 때는 집례하는 목사의 안내에 따라 행합니다. 목사가 여러분에게 서약하게 할 텐데, 하나님과 사람 앞에서 정직한 마음으로 하고 아멘으로 답합니다. 서약에는 절대로 거짓이 있어서는 안 됩니다. 서약을 가볍게 여기거나 어기는 것은 제3계명을 어기는 일입니다.

서약을 마치면 세례반 앞으로 나가서 세례를 받습니다. 집례자인 목사는 "주 예수 그리스도를 믿는 OOO 씨에게 내가 성부와 성자와 성령의 이름으로 세례를 주노라. 아멘"이라는 말씀과 함께 머리 위에 물을 한 번 혹은 세 번 부음으로 세례를 베풉니다.

이때 세례의 물이나 집례자인 목사의 경건성에 효력이 부여되는 것이 아니라 믿음으로 참여해야만 효력이 있음을 기억하시기 바랍니다.

입교자는 서약만 하고, 세례는 받지 않습니다. 유아세례를 받았기 때문입니다.

3. 세례받은 이후 해야 할 일

세례받았다고 해서 끝나는 게 아닙니다. 계속해서 그 세례를 향상시켜야 합니다. 세례는 평생 한 번 받는 것이지만, 그렇기 때문에 또한 한 번으로 평생에 효력을 발생합니다.

그래서 한 번 받은 세례에 근거하여 하나님께서 우리에게 허락하신 약속을 붙들고 믿음을 더욱 굳세게 해야 합니다. 시험당하거나 넘어질 때, 세례받은 일을 회고하며 마음을 굳게 해서 항상 사죄에 대한 확신을 가져야 합니다. 다른 사람들이 세례를 받을 때, 그 세례를 보면서 세례가 주는 은혜를 생각해야 합니다.

그리스도와 합하여 세례를 받음으로 그분과 함께 죽었고 그분과 함께 살아났으며, 그분과 우리가 함께 죽을 때 우리의 죄도 죽었고, 그분과 우리가 함께 살아날 때 우리 안에 은혜도 소생케 되었음을 기억하며, 믿음으로 살기를 더욱 힘써야 합니다.

세례를 받음으로 교회의 회원이 되었다는 사실을 기억하며 그리스도 안에서 한 몸을 이룬 다른 자들과 형제 사랑을 행하기 위해 힘써야 합니다.

이와 관련해서 웨스트민스터 대요리문답 167문답을 통해서 좀 더 분명한 가르침을 얻을 수 있습니다.

167문 : 우리의 세례를 우리가 어떻게 향상시킬 수 있습니까?

답 : 우리가 받은 세례를 향상시켜야 할 의무는, 꼭 필요하지만 매우 소홀히 해 왔습니다. 이것은 우리가 평생에 걸쳐 행해야 할 것인데, 특별히 시험을 당할 때와 다른 사람들이 세례받는 자리에 참석했을 때에 해야 합니다(골 2:11, 12; 롬 6:4, 6, 11). 세례의 본질과 그리스도께서 그것을 제정하신 목적과 세례에 의해 우리에게 주어지고 보증된 특권과 혜택, 세례 시에 행한 우리의 엄숙한 서약 등을 신중하면서도 감사히 생각함으로써 해야 합니다(롬 6:3-5). 우리의 죄악 된 더러움과 세례의 은혜와 우리의 맹세에 못 미치고 역행하는 것으로 인해 겸손함으로써 하고(고전 1:11-13; 롬 6:2, 3), 그 성례 안에서 우리에게 보증된 죄 사함과 다른 모든 축복에 대한 확신에 이르기까지 성숙함으로써 해야 합니다(롬 4:11, 12; 벧전 3:21). 우리가 그리스도와 합하여 세례를 받음으로써 그의 죽음과 부활에서 힘을 얻고, 죄를 무력하게 하며, 은혜를 소생시킴으로써 하고(롬 6:3-5), 믿음으로 살기를 힘쓰며(갈 3:26, 27), 그리스도에게 자기들의 이름들을 바친 자들로서(행 2:38), 거룩함과 의로운 생활을 하고(롬 6:22), 같은 성령으로 세례를 받아 한 몸을 이룬 자들로서 형제의 사랑으로 행하기를 노력함으로써 할 것입니다(고전 12:13, 25, 26, 27).

종교개혁자 마르틴 루터는 하나님의 사랑에 의심이 생기고 스스로 치명적인 절망감에 빠지는 유혹을 느낄 때마다 "나는 세례를 받았다"고 말하면서 자신을 진정시켰다고 합니다. 그렇게 해서 루터는 하나님이 은혜로 자신을 부르셨다는 것과 자신이 그리스도 안에서 새 생명을 얻었고, 그러므로 믿음과 신실함에 있어서 자신 없어 하지 말아야 한다는 확신을 회복했습니다. 여러분도 그렇게 하실 수 있기를 바랍니다.

세례·입교 교육 교재

부록

세례 · 입교 교육 교재

1. 사도신경

나는 전능하신 아버지 하나님,

천지의 창조주를 믿습니다.

나는 그의 유일하신 아들, 우리 주 예수 그리스도를 믿습니다.

그는 성령으로 잉태되어 동정녀 마리아에게서 나시고,

본디오 빌라도에게 고난을 받아

십자가에 못 박혀 죽으시고,

장사된 지[1] 사흘 만에 죽은 자 가운데서 다시 살아나셨으며,

하늘에 오르시어 전능하신 아버지 하나님

우편에 앉아 계시다가, 거기로부터 살아 있는 자와

죽은 자를 심판하러 오십니다.

나는 성령을 믿으며, 거룩한 공교회와

성도의 교제와 죄를 용서받는 것과

몸의 부활과 영생을 믿습니다. 아멘.

※ 사도신경은 기독교 신자가 믿고 고백하는 신앙을 가장 잘 요약해 준
   것으로, 삼위일체 하나님(성부, 성자, 성령 하나님)에 대한 고백을 담
   고 있습니다. 세례 교인은 반드시 사도신경을 외워야만 합니다.

---

1 '장사되시어 지옥에 내려가신 지'가 공인된 원문(Forma Recepta)에는 있으나, 대다수의 본문에는 없다.

2. 주기도문 (마태복음 6:9-13)

하늘에 계신 우리 아버지여

이름이 거룩히 여김을 받으시오며 나라가 임하시오며

뜻이 하늘에서 이루어진 것 같이 땅에서도 이루어지이다.

오늘 우리에게 일용할 양식을 주시옵고

우리가 우리에게 죄 지은 자를 사하여 준 것 같이

우리 죄를 사하여 주시옵고

우리를 시험에 들게 하지 마시옵고

다만 악에서 구하시옵소서

나라와 권세와 영광이 아버지께

영원히 있사옵나이다. 아멘.

※ 주기도문은 예수님께서 직접 가르쳐주신 기도의 모범입니다.
  세례 교인은 반드시 주기도문을 외워야만 합니다.

3. 십계명 (출애굽기 20:2-17)

머리말 - 나는 너를 애굽 땅, 종 되었던 집에서 인도하여 낸 네 하나님
여호와니라

제1계명 – 너는 나 외에는 다른 신들을 네게 두지 말라

제2계명 – 너를 위하여 새긴 우상을 만들지 말고 또 위로 하늘에 있는 것이나 아래로 땅에 있는 것이나 땅 아래 물속에 있는 것의 어떤 형상도 만들지 말며 그것들에게 절하지 말며 그것들을 섬기지 말라 나 네 하나님 여호와는 질투하는 하나님인즉 나를 미워하는 자의 죄를 갚되 아버지로부터 아들에게로 삼사 대까지 이르게 하거니와 나를 사랑하고 내 계명을 지키는 자에게는 천 대까지 은혜를 베푸느니라

제3계명 – 너는 네 하나님 여호와의 이름을 망령되게 부르지 말라 여호와는 그의 이름을 망령되게 부르는 자를 죄 없다 하지 아니하리라

제4계명 – 안식일을 기억하여 거룩하게 지키라 엿새 동안은 힘써 네 모든 일을 행할 것이나 일곱째 날은 네 하나님 여호와의 안식일인즉 너나 네 아들이나 네 딸이나 네 남종이나 네 여종이나 네 가축이나 네 문 안에 머무는 객이라도 아무 일도 하지 말라 이는 엿새 동안에 나 여호와가 하늘과 땅과 바다와 그 가운데 모든 것을 만들고 일곱째 날에 쉬었음이라 그러므로 나 여호와가 안식일을 복되게 하여 그 날을 거룩하게 하였느니라

제5계명 – 네 부모를 공경하라 그리하면 네 하나님 여호와가 네게 준 땅에서 네 생명이 길리라

제6계명 – 살인하지 말라

제7계명 – 간음하지 말라

제8계명 – 도둑질하지 말라

제9계명 – 네 이웃에 대하여 거짓 증거하지 말라

제10계명 - 네 이웃의 집을 탐내지 말라 네 이웃의 아내나 그의 남종이나 그의 여종이나 그의 소나 그의 나귀나 무릇 네 이웃의 소유를 탐내지 말라

※ 십계명은 기독교 신자가 어떻게 살아야 하는지를 가장 잘 요약하므로, 세례 교인은 반드시 십계명을 외워야만 합니다.

4. 신앙 간증문 작성 요령

세례(입교)교인이 되면서 간증문을 작성하는 것은 의미 있는 일입니다. 간증문을 통해 하나님께서 나에게 베푸신 구원의 은혜를 다시 한번 확인할 수 있기 때문입니다. 더욱이 간증문은 믿지 않는 사람들에게 그리스도의 사랑을 증거할 때 사용할 수 있는 가장 효과적인 방법입니다(요 9:25). 믿지 않는 사람들도 누군가에게 일어난 놀라운 변화에 관심을 갖기 때문입니다. 교회는 세례 예식에 참여하는 사람들에게 간증문을 의무로 부과할 수도 있습니다.

1. 간증문에 들어갈 내용
1) 구원의 확신을 갖기 전 상태
2) 구원의 복음을 듣게 된 과정, 예수님을 믿게 된 상황을 소개
3) 예수 그리스도를 믿은 후 상태

2. 간증문 작성 시 주의할 점

1) 간증문 초고를 너무 잘 쓰려고 애쓰지 마십시오.

2) 너무 많은 내용들을 담으려 하지 마십시오. 예수 그리스도와 당신과의 관계에 초점을 맞추십시오.

3) 일어난 변화를 지나치게 과장하지 마십시오.

4) 구원의 확신이 든 정확한 날짜와 시간을 기억하지 못한다고 염려할 필요는 없습니다.

3. 좋은 간증문의 특징들

1) 문장 표현을 가능한 짧게 할 것.

2) 흥미롭되, 진실한 내용을 담을 것.

3) 현재 자신의 삶과 연결을 시킬 것.

4) 위의 "1. 간증문에 들어갈 내용" 세 가지를 분명히 드러낼 것.

5. 당회 문답 예시

세례 교육이 끝나면, 교회의 치리(다스림)를 담당하는 당회(목사와 장로의 회)가 적절한 날짜를 선정하여 문답(問答)을 거행할 예정입니다. 문답이란 묻고 답하는 것인데, 세례를 받을 만한 사람인지를 확인하는 중요한 과정입니다.

당회는 아래 질문을 중심으로 묻습니다. 아래 내용 모두를 묻지는 않고, 몇 가지 질문을 선택하여 묻습니다. 미리 잘 숙지하셔서 문답에 통과하실 수 있기를 바랍니다. 당회의 질문에 상당 부분 답하지 못할 경우 다음 기회에 세례를 받도록 할 수도 있습니다.

기본 질문

- 성명과 나이는 어떻게 되십니까?
  (사실 그대로 답한다.)

- 교회에 출석하신 지는 얼마나 되셨습니까?
  (사실 그대로 답한다.)

성경에 관한 질문

- 성경은 어떤 책입니까? (대요리문답 3문)
  성경은 하나님의 말씀으로, 신앙과 생활의 유일한 법칙입니다.

- 성경을 두 부분으로 나누면 무엇과 무엇입니까?
  구약과 신약

- 성경의 저자는 누구입니까?
  (성령) 하나님

- 구약성경과 신약성경의 주요 배경이 되는 나라는 어디입니까?
  이스라엘

- 구약성경에는 주로 무엇이 기록되어 있습니까?
  창조부터 예수 그리스도의 탄생 이전까지의 일과
  장차 오실 예수 그리스도에 대한 예언이 기록되어 있습니다.

- 신약성경에는 주로 무엇이 기록되어 있습니까?
  예수 그리스도의 탄생과 이 땅 위에서 하신 일,
  사도들의 복음 전파 등이 기록되어 있습니다.

- 성경의 첫 책은 무엇입니까?
  창세기

- 성경의 마지막 책은 무엇입니까?
  요한계시록

- 여호수아서는 구약과 신약 중 어디에 속해 있습니까?
  구약

- 에베소서는 구약과 신약 중 어디에 속해 있습니까?
  신약

- 예수님의 생애를 기록한 복음서 네 권은 무엇입니까?
  마태복음, 마가복음, 누가복음, 요한복음.

- 성경에 기록된 모든 내용이 사실 그대로임을 믿으십니까?
  네. 모두 다 역사적 사실이요, 앞으로 반드시 일어날 일입니다.

- 성경이 주로 가르치는 것은 무엇입니까? (소요리문답 3문)
  우리가 하나님에 대하여 믿어야 할 것과 하나님께서 사람에게 요구하시는 의무가 무엇인지를 주로 가르칩니다.

삼위일체와 성부 하나님에 관한 질문

- 하나님은 몇 분이십니까? (소요리문답 5-6문)
  오직 한 분이시며 삼위로 계십니다.

- 삼위 하나님의 각 위격은 무엇입니까? (소요리문답 6문)
  성부, 성자, 성령

- 한 분 하나님이 삼위로 계신다는 것을 네 글자로 무엇이라고 합니까?
  삼위일체

- 하나님은 언제부터 계셨습니까?
  영원 전부터 계셨습니다.

- 하나님은 어떤 분이십니까? (소요리문답 4문)
  하나님은 영으로서, 존재와 지혜와 능력과 거룩과 공의와 선하심과 진실하심이 무한하시며 영원하시고 불변하십니다.

- 하나님은 태초에 무엇을 하셨습니까? (소요리문답 9문)
  천지 만물을 창조하셨습니다.

- 하나님은 이 세상을 어떻게 창조하셨습니까? (소요리문답 9문)
  아무것도 없는 데서 말씀으로 창조하셨습니다.

- 이 세상을 창조하신 하나님은 그 이후에는 아무 일도
  안 하십니까? (소요리문답 11문)
  아닙니다. 당신이 지으신 피조물과 그 모든 활동을 보존하시며 다스리십니다.

예수님에 관한 질문

- 예수님은 하나님과 어떤 관계이십니까?
  아버지와 아들(아드님)

- 예수님은 이 세상에 어떻게 태어나셨습니까? (소요리문답 22문)
  성령님으로 잉태되셔서 동정녀 마리아에게서 나셨습니다.

- 예수님의 두 본성은 무엇입니까? (소요리문답 21문)
  신성(참 하나님)과 인성(참 사람)

- 하나님과 사람 사이의 유일한 중보자는 누구십니까?
  (소요리문답 21문)
  예수 그리스도

- 예수님의 세 직분은 무엇입니까? (소요리문답 23문)
  선지자, 제사장, 왕

- 예수님께서 이 세상에 오셔서 하신 일 중 아는 것을
  말해 보십시오.
  복음을 전하셨고, 병든 자를 고치셨고, 이적을 행하셨습니다.

- 예수님은 어디에 달려 죽으셨습니까(돌아가셨습니까)?
  십자가

- 예수님은 왜 죽으셨습니까(돌아가셨습니까)?
  나의 죄를 용서하시고 구원하시기 위해서

- 죽으셨던 예수님은 삼 일째에 어떻게 되셨습니까?
  다시 살아나셨습니다. (부활하셨습니다.)

- 예수님의 부활이 실제로 일어난 역사적 사실임을 믿으십니까?
  네

- 부활하신 예수님은 지금 어디에 계십니까?
  하늘로 올라가셔서 전능하신 하나님 아버지의
  오른쪽에 앉아계십니다.

- 예수님께서 언제 다시 오실지 우리가 알 수 있습니까?
  아무도 모릅니다. 오직 하나님만이 아십니다.

사람과 죄에 관한 질문

- 하나님은 사람을 어떻게 창조하셨습니까?
  (소요리문답 10문)
  하나님의 형상을 따라 지식, 의, 거룩함으로 창조하셨습니다.

- 하나님께서 처음 사람을 창조하셨을 때는 어떤 상태였습니까?
  (대요리문답 17문)
  무죄 상태였으니, 하나님과 교제할 수 있었고, 영원히 죽지 않
  을 수 있었습니다. 그러나 타락할 수 있는 존재였습니다.

- 아담의 첫 범죄는 무엇입니까?
  (소요리문답 15문)
  먹지 말라고 하신 선악을 알게 하는 나무의 열매를
  먹은 것입니다.

- 첫 사람 아담의 타락으로 사람은 어떤 상태가 되었습니까?
  (소요리문답 17문)
  죄와 비참함의 상태에 이르렀습니다.

- 아담의 죄가 우리에게 전가된 것을 무슨 죄라고 합니까?
  (소요리문답 18문)
  원죄

- 원죄를 가진 우리가 스스로 짓는 죄를 무엇이라고 합니까?
  (소요리문답 18문)
  자범죄

- 죄란 무엇입니까? (소요리문답 14문)
  하나님의 본성과 말씀을 어기거나 그에서 부족하거나 벗어난
  모든 것입니다.

- 원죄와 자범죄를 가진 우리 인간의 비참함은 무엇입니까?
  (소요리문답 19문)
  하나님의 영원한 진노 아래 있고, 죽음의 형벌을 받아야만 마땅
  한 상태가 되었습니다.

- 당신이 죄인이라는 사실을 믿으십니까?
  (사실 그대로 답한다.)

- 이 세상에 죄인이 아닌 사람이 있습니까?
  없습니다. 모든 사람은 죄인입니다.

구원과 믿음에 관한 질문

- 죄를 해결받기 위해서 우리는 어떻게 해야 합니까?
  예수님을 믿어야 합니다.

- 하나님을 믿으십니까?
  (사실 그대로 답한다.)

- 예수 그리스도를 믿으십니까?
  (사실 그대로 답한다.)

- 예수 그리스도가 당신의 주인이심을 믿으십니까?
  (사실 그대로 답한다.)

- 믿음이란 무엇입니까? (소요리문답 86문)
  예수님께서 나의 죄를 구원해 주시기 위해 죽으셨고 다시 살아 나셨으며, 그분이 나의 주인이심을 믿고 의지하는 것입니다.

- 회개란 무엇입니까? (소요리문답 87문)
  자신의 죄를 깨닫고, 통회하고, 그 죄에서 돌아서는 것입니다.

- 자신이 하나님 앞에 죄인인 줄 알며 당연히 그분의 진노를 받아야 할 사람이지만 하나님의 크신 자비에 의하여 구원을 얻는 길 외에 소망이 없는 자인 것을 인정합니까?
  (사실 그대로 답한다.)

- 예수님을 믿는 것 외에 다른 방식으로는
  구원에 이르는 길이 없음을 믿으십니까? (소요리문답 21문)
  (사실 그대로 답한다.)

- 예수님을 믿지 못하도록 누군가가 핍박하더라도
  예수님을 부인하지 않고 믿겠습니까?
  (사실 그대로 답한다.)

- 개인의 삶에 환란과 핍박이 있어도 예수님을
  믿으시겠습니까?
  끝까지 낙심하지 않고 주님만을 믿고 따르겠습니다.

- 죄와 비참함의 상태에 있던 사람이 예수님을 믿으면
  어떤 상태가 됩니까? (대요리문답 30문)
  구원 혹은 은혜의 상태에 이르게 됩니다.

- 사도신경을 외워 보시기 바랍니다.
  (아는 대로 해 본다.)

- 주기도문을 외워 보시기 바랍니다.(소요리문답 99문)
  (아는 대로 해 본다.)

- 십계명을 외워 보시기 바랍니다. (소요리문답 41문)
  (아는 대로 해 본다.)

- 요한복음 3장 16절을 외워 보시기 바랍니다.
  (아는 대로 해 본다.) 하나님이 세상을 이처럼 사랑하사 독생자
  를 주셨으니 이는 그를 믿는 자마다 멸망하지 않고 영생을 얻게
  하려 하심이라

마지막 날에 있을 일에 관한 질문

- 사람이 죽으면 어떻게 됩니까?
  이 세상에서의 모든 삶이 끝나고, 몸과 영혼이 분리되어 몸은
  썩고 영혼은 천국과 지옥에 갑니다.

- 사람이 죽으면 가는 두 장소는 어디와 어디입니까?
  천국과 지옥입니다.

- 두 장소 외에 다른 곳이 있습니까?
  없습니다. 천주교는 연옥이 있다고 믿지만,
  우리는 그렇게 믿지 않습니다.

- 지옥에 간 사람이 다시 천국에 갈 수 있습니까?
  없습니다.

- 그리스도인이 죽으면 어떻게 됩니까?
  그 영혼은 완전히 거룩하게 되어 즉시 영광중에 들어가고,
  그 몸은 그리스도의 재림 때까지 무덤에서 쉬게 됩니다.

- 죽은 몸은 나중에 어떻게 됩니까?
  그리스도께서 재림하실 때에 부활하게 되어 천국에 있는
  영혼과 결합하여 영원한 안식과 기쁨을 누릴 것입니다.

교회와 신앙생활에 관한 질문

- 교회란 무엇입니까?
  하나님의 부름을 받아 예수 그리스도를 구주로 믿는 성도들이
  모여 하나님 앞에 예배하는 공동체입니다.

- 교회의 머리는 누구십니까?
  예수 그리스도

- 교회의 중요한 일은 무엇입니까?
  예배, 교육, 전도, 선교, 교제, 봉사

- 예배란 무엇입니까?
  삼위일체 하나님께 마땅한 경배와 영광을 돌려드리는 일입니다.

- 예배는 어떤 자세로 드려야 합니까?
  경건하게 드려야 합니다.

- 개신교인이 예배드리는 날은 무슨 요일입니까?
  일요일이며, 주일이라고 부릅니다.

- 주일은 어떻게 지켜야 합니까?
  거룩하게 지켜야 하며, 평안한 안식의 날이 되어야 합니다.

- 설교의 내용은 이해가 되고, 유익이 되십니까?
  (사실 그대로 답한다.)

- 기도는 무엇입니까? (소요리문답 98문)
  우리의 소원을 하나님께 드리는 것으로,
  하나님의 뜻에 합당한 것을 간구하는 일입니다.

- 기도의 마지막은 어떻게 마쳐야 합니까?
  예수님의 이름으로 기도합니다. 아멘.

- 평소에 기도는 얼마나 하십니까?
  (사실 그대로 답한다.)

- 평소에 성경은 얼마나 읽으십니까?
  (사실 그대로 답한다.)

- 본 교회의 이름과 담임목사의 이름을 알고 계십니까?
  (사실 그대로 답한다.)

- 본 교회 장로의 이름을 알고 계십니까?
  (사실 그대로 답한다.)

- 목사와 장로, 기타 가르치는 분들의 권면에 순종하십니까?
  (사실 그대로 답한다.)

- 본 교회는 어느 교파에 속해 있습니까?
  장로교회입니다.

- 다른 사람에게 복음을 전해 본 일이 있습니까?
  (사실 그대로 답한다.)

- 혹여나 교회에 어려움이 생겼을 때 어떻게 해야 합니까?
  교회를 위해 기도하면서 인내해야 합니다.

- 주일 오전 예배는 잘 참석하십니까?
  (사실 그대로 답한다.)

- 주일 오후(저녁) 예배도 참석하십니까?
  (사실 그대로 답한다.)

- 헌금은 무엇입니까?
  구원받은 성도가 하나님께서 주신 은혜에 감사하여 하나님께 드리는 물질입니다.

- 헌금은 정직하고 성실하게 드리십니까?
  (사실 그대로 답한다.)

- 세례 교인의 의무와 권리는 무엇입니까?
  의무는 공예배 참석, 헌금, 전도, 봉사, 교회의 치리에 복종 등이 있습니다. 권리는 영적 보호를 받을 권리, 성찬에 참여할 권리, 공동의회 회원권, 모든 청구권 등이 있습니다.

생활에 관한 질문

- 사람의 제일 되는 목적은 무엇입니까? (소요리문답 1문)
  하나님께 영광을 돌리고, 그분을 영원토록 즐거워하는 것입니다.

- 기독교 신자는 이 세상에서 어떻게 살아야 한다고 생각하십니까?
  하나님과 예수님의 이름을 더럽히지 않고 세상의 모범이 되어야 합니다.

- 기독교 신자가 어떻게 살아야 하는지에 대해서는 어디에 잘 나와 있습니까? (소요리문답 41문)
  십계명에 요약되어 있습니다.

- 십계명 중 제1계명은 무엇입니까?
  하나님 외에 다른 신을 두지 말라.

- 십계명 중 제6계명은 무엇입니까?
  살인하지 말라.

- 십계명 중 제7계명은 무엇입니까?

  간음하지 말라.

- 술이나 담배는 하십니까?

  (사실 그대로 답한다.)

- 직업은 무엇입니까? 그리스도인으로서 합당하지 못한 직업은 아니십니까?

  (사실 그대로 답한다.)

- 이웃 사랑을 위해 어떤 일을 하십니까?

  (사실 그대로 답한다.)

- 예수님을 믿은 이후 조상제사를 지내거나 점을 치거나 사주팔자를 보는 등의 일을 하십니까?

  (사실 그대로 답한다.)

세례(입교)와 성찬에 관한 질문

- 세례란 무엇입니까?

  죄 씻음을 받는 표로서, 옛 사람은 죽고 하나님의 자녀로 새 사람이 되었음을 확증하는 것이며, 그리스도의 몸된 교회의 지체가 되는 예식입니다.

- 세례는 무엇으로 행합니까?
  물입니다.

- 세례받은 사람의 의무와 권리는 무엇입니까?
  의무는 다음과 같습니다. 예배에 참석해야 합니다. 헌금생활을 해야 합니다. 복음전도에 힘써야 합니다. 교회 봉사에 힘써야 합니다. 교회의 치리에 순종해야 합니다.
  　권리는 다음과 같습니다. 성찬에 참여할 수 있습니다. 영적 보호를 받을 수 있습니다. 공동의회에 참여하여 직원 선출을 위한 선거권과 피선거권이 있으며, 재정의 예결산 의결에 참여할 수 있습니다.

- 자신이 세례를 받으시기에 적합하다고 생각하십니까?
  (사실 그대로 답한다.)

- 입교란 무엇입니까?
  입교는 유아세례를 받은 사람이 성장하여 자기 스스로 예수 그리스도를 구주로 고백하고 자신의 신앙을 공적으로 나타내는 일입니다.

- 입교인의 의무와 권리는 무엇입니까?
  입교한 이후에는 유아세례 교인 때에 가졌던 의무와 동일한 의무를 행하되, 성찬 참여를 비롯하여 공동의회 회원권 등의 권리를 스스로 행사할 수 있고, 자신의 믿음과 생활에 대해 스스로 책임져야 합니다.

- 성찬은 무엇입니까?
  예수님께서 친히 제정하신 성례로서, 나를 위해 죽으신 예수님을 기억하며, 하늘의 신령한 은혜를 눈으로 보고 입으로 맛보는 예식입니다.

- 성찬은 무엇과 무엇을 먹고 마십니까?
  빵과 포도주

- 성찬은 누가 참여할 수 있습니까?
  세례받은 사람이 참여할 수 있습니다. 단, 수찬정지의 시벌을 받은 경우 참여할 수 없습니다.

6. 세례 및 입교 서약문

당회가 시행하는 세례 문답에 합격하면, 아래 내용을 하나님과 당회 앞에서 서약합니다. 이후 세례식이 거행될 때 다시 한번 더 하나님과 회중 앞에서 서약합니다.

세례 서약문

1. 여러분(그대)은 자신이 하나님 앞에 죄인인 줄 알며 당연히 그분의 진노를 받아야 할 사람이지만 하나님의 크신 자비에 의하여 구원을 얻는 길 외에 소망이 없는 자인 것을 인정합니까?

2. 여러분(그대)은 주 예수 그리스도가 하나님의 아드님이심과 죄인의 구주이심을 믿으며 복음에 말한 바와 같이 구원하실 이는 오직 예수 그리스도 한 분뿐인 줄 알아 그분을 영접하고 그분에게만 의지하기로 서약합니까?

3. 여러분(그대)은 지금 성령님의 은혜만을 의지하고 그리스도를 따르는 자가 되어 모든 죄를 버리고 그분의 가르침과 모범을 따라서 살기로 서약합니까?

4. 여러분(그대)은 본 장로회 교리표준인 웨스트민스터 신앙고백서, 대요리문답과 소요리문답이 구약과 신약 성경에서 교훈한 도리를 총괄한 것으로 알고 성실한 마음으로 계속해서 배우고 믿고 따를 것을 서약합니까?

5. 여러분(그대)은 이제부터 교회의 관할과 치리에 복종하고 성결과 화평을 이루도록 노력하기로 서약합니까?

입교 서약문

1. 여러분(그대)은 어렸을 때 부모의 신앙고백과 서약으로 세례를 받았는데 이제는 그 고백과 서약을 여러분 자신의 것으로 삼고 성실히 지키기로 서약합니까?

2. 여러분(그대)은 자신이 하나님 앞에 죄인인 것과, 당연히 하나님의 진노를 받아야 하지만 하나님의 큰 자비에 의하여 구원 얻는 길 외에는 소망이 없는 자인 것을 인정합니까?

3. 여러분(그대)은 주 예수 그리스도가 하나님의 아드님이심과 죄인의 구주이심을 믿으며 복음에 말한 바와 같이 구원하실 이는 오직 예수 그리스도 한 분뿐인 줄 알아 그분을 영접하고 그분에게만 의지하기로 서약합니까?

4. 여러분(그대)은 지금 성령님의 은혜만을 의지하고 그리스도를 따르는 자가 되어 모든 죄를 버리고 그분의 가르침과 모범을 따라서 살기로 서약합니까?

5. 여러분(그대)은 이제부터 교회의 관할과 치리에 복종하고 성결과 화평을 이루도록 노력하기로 서약합니까?

※ 위 내용은 대한예수교장로회 고신 총회 헌법(2023년판) 예배 제6장 제25조 세례식과 제7장 공적 신앙고백 제30조 입교식 부분에 실려 있는 것입니다.

세례 · 입교 교육 교재

손재익 목사

한길교회 (서울남부노회) 담임목사다. 5세 때 혼자서 교회를 다녔다. 10세 때부터 목사 직분을 사모했고, 15세 때 삼위 하나님의 이름으로 세례를 받았다. 28세 때 신학대학원에 입학하여, 35세 때 목사로 임직했다. 36세에 한길교회를 개척하여 지금까지 섬기고 있다.

부산대학교(B.A), 고려신학대학원(M.Div), 고신대학교 일반대학원(Th.M)에서 공부했다.

지금까지 지은 책으로는 성경 전반을 구속사적으로 살핀 『우리가 성경을 오해했다』(세움북스), 구원론의 기본을 다룬 『나에게 거듭났냐고 묻는다면?』, 『나는 하나님 앞에서 의로울 수 있을까?』, 『성화, 이미와 아직의 은혜』를 비롯해, 『설교, 어떻게 들을 것인가?』(이상 좋은씨앗), 『특강 예배모범』(흑곰북스), 『분쟁하는 성도 화평케 하는 복음』(지우), 『사도신경, 12문장에 담긴 기독교 신앙(해설서와 교재)』, 『십계명, 언약의 10가지 말씀(해설서와 교재)』, 『벨기에 신앙고백서 강해(해설서와 교재)』(이상 디다스코) 등이 있으며, 공저로 『결혼매뉴얼』, 『장례매뉴얼』, 『청빙매뉴얼』(이상 교회건설연구소), 『담임목사가 되기 전에 알아야 할 7가지』, 『교회의 직분자가 알아야 할 7가지』, 『성도가 알아야 할 7가지』(이상 세움북스), 『교회건설 매뉴얼』, 『종교개혁, 왜 오직인가?』(생명의 양식) 가 있다.

유튜브 채널 [기독교의 모든 것](youtube.com/christ00)을 운영하고 있다.

세례 · 입교 교육 교재

초판 1쇄 인쇄 2025년 2월 28일
초판 1쇄 발행 2025년 3월 7일

지 은 이 손재익
발 행 인 이기룡
발 행 처 도서출판 생명의 양식
디 자 인 정원주
등록번호 제2018-000072호(2018년 3월 28일)
주   소 서울시 서초구 고무래로 10-5(반포동)
전   화 02-533-2182
팩   스 02-533-2185
홈페이지 www.qtland.com